小山裕史のウォーキング革命

初動負荷理論で考える歩き方と靴

小山裕史
Yasushi Koyama

講談社

歩き方は全ての動作の
集約を示す、
と私は考えています。

「このように
歩きたいのだけれど」

「どうして、こんな風に
動けないの……」

という表現が繰り返されてきた歴史を変えるには、

靴と、歩く、走るなどの動作との関係が作る故障の根本を解決しなければ、

全てが始まりませんでした。

（本文第一章より）

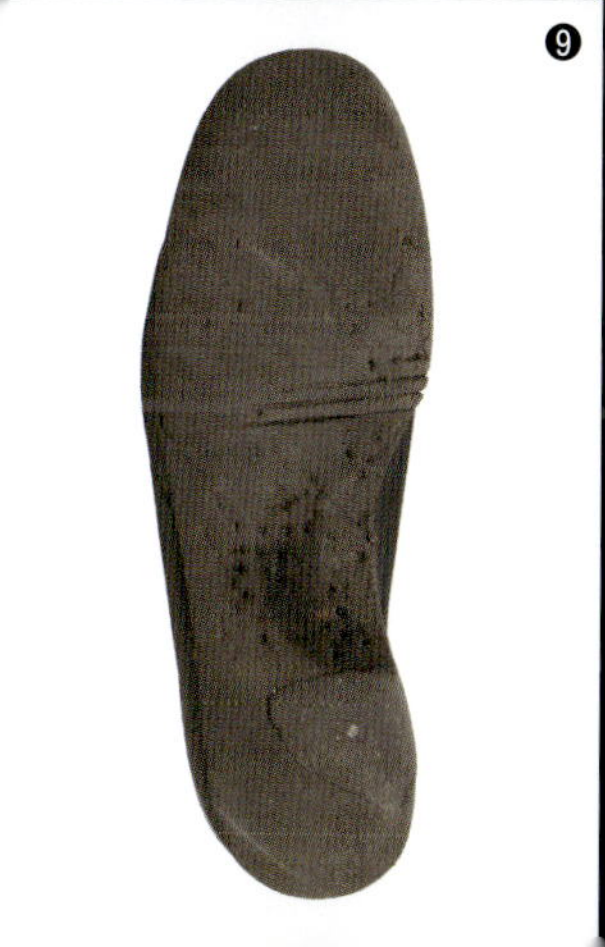

①②③歩行指導風景。④初動負荷トレーニングを指導する著者。⑤ワールドウィング本部の外観。⑥ハイヒールの典型的な歩行動作。⑦⑧子供の足は未発達。シューズは大切だが……。⑨靴底は歩き方の履歴書。著者は、歩き方と靴底から6人の靴を全て当ててしまった。

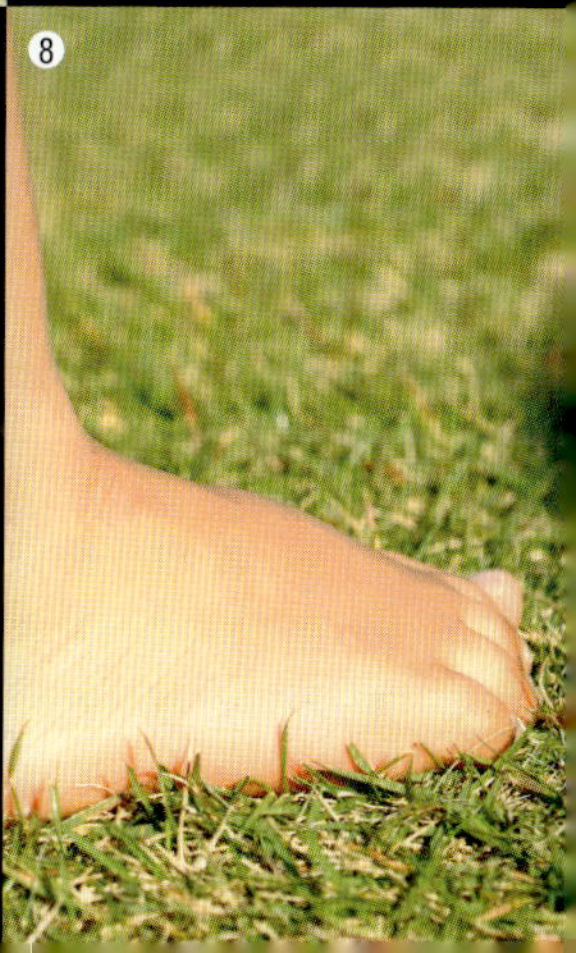

歩き方と靴の関係を解き明かす！

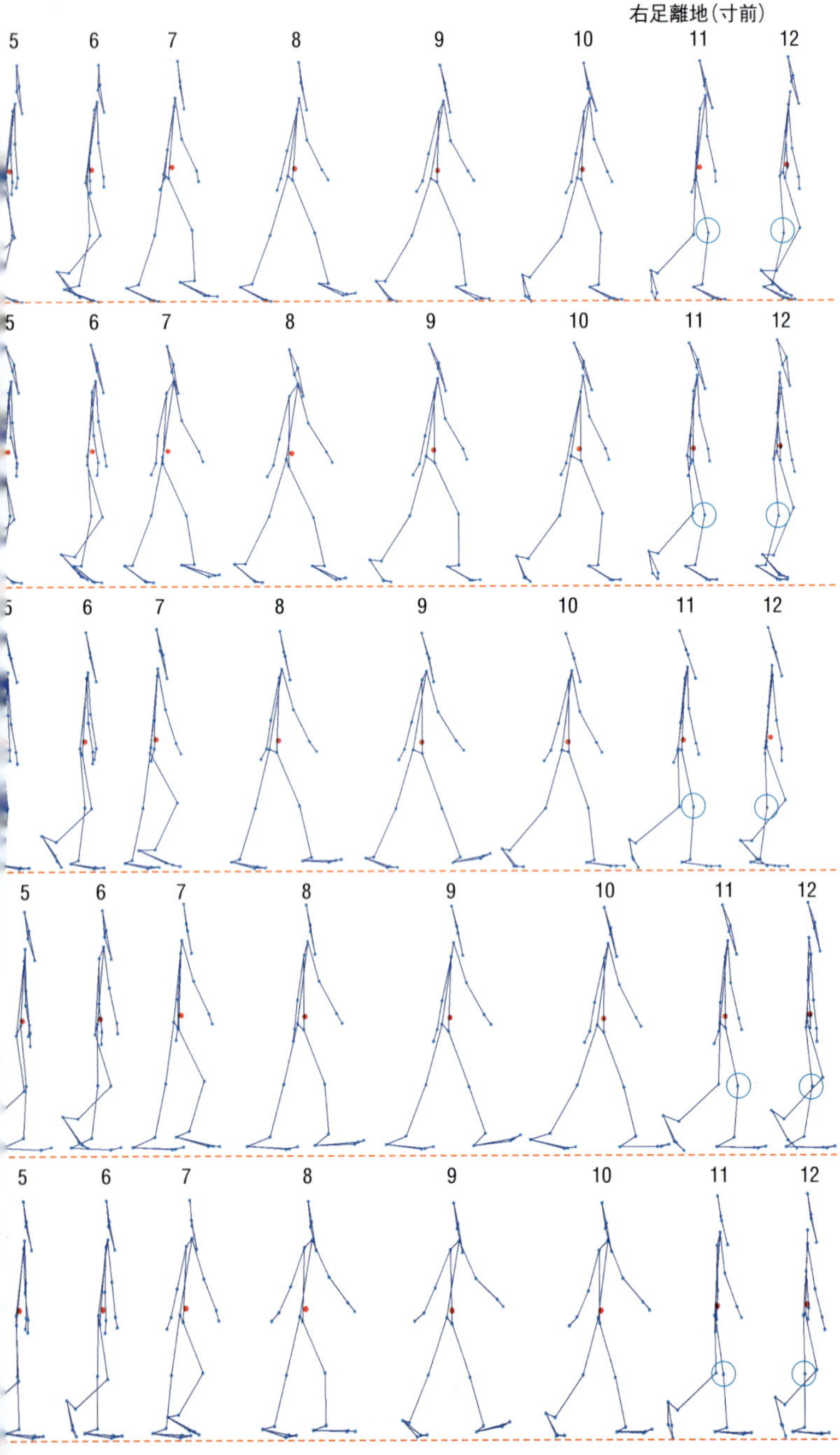

左図は、靴による歩行動作の違いを示した解析図です。赤い点は重心の位置。円でマークしたのは、荷重が軸脚に乗り込む時の膝の状態です。（第五章参照）

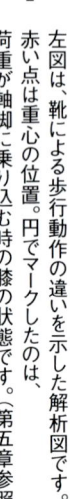

あなたの足の指、曲がっていませんか?

歩き方と靴は、身体に大きな影響を与えています。膝・腰・肩・首の痛み、偏頭痛。そして外反拇趾に代表される、足の指の曲がりにも大きく関わります。ワールドウィングには、正しいバランスの靴に変えたことによる足指の曲がりの改善例が多数寄せられています。

女性　ウォーキング愛好家

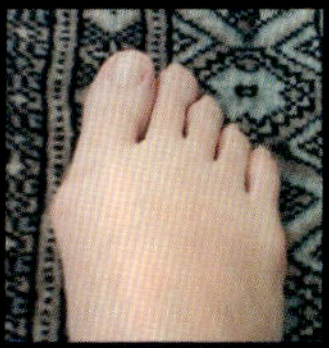

平成19年5月11日

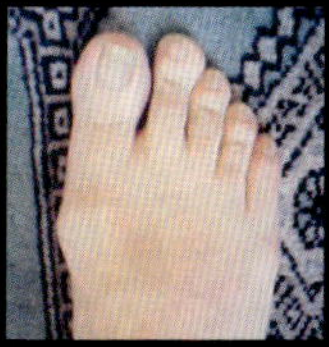

平成19年10月22日

女性　事務職

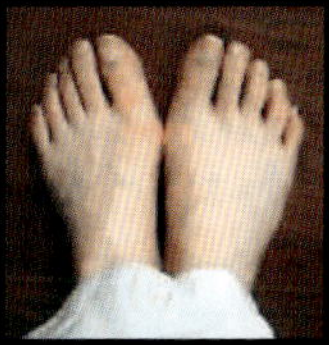

平成19年4月28日

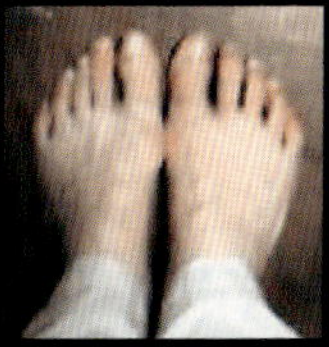

平成19年10月19日

❶ ハイヒール

軸脚の膝の曲がり、重心の上下動とも大きい。膝が伸びるポイントがない。

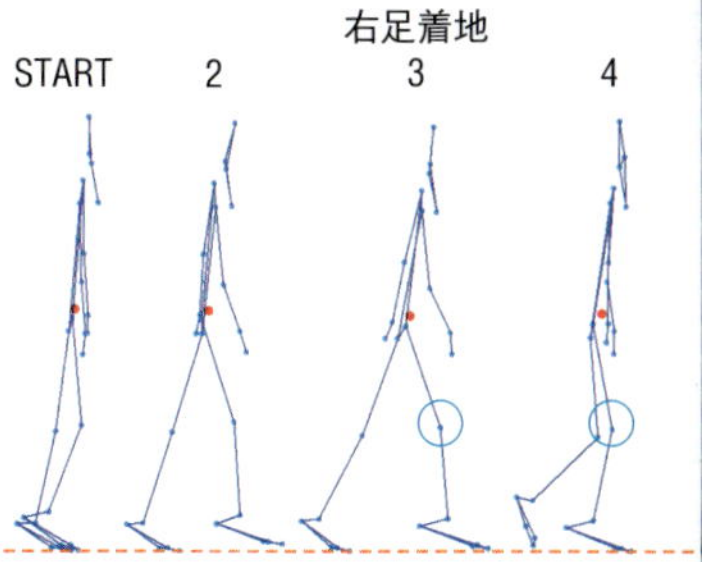
右足着地
START
2
3
4

❷ サンダル

重心が動きやすく、膝の曲がりも深い。

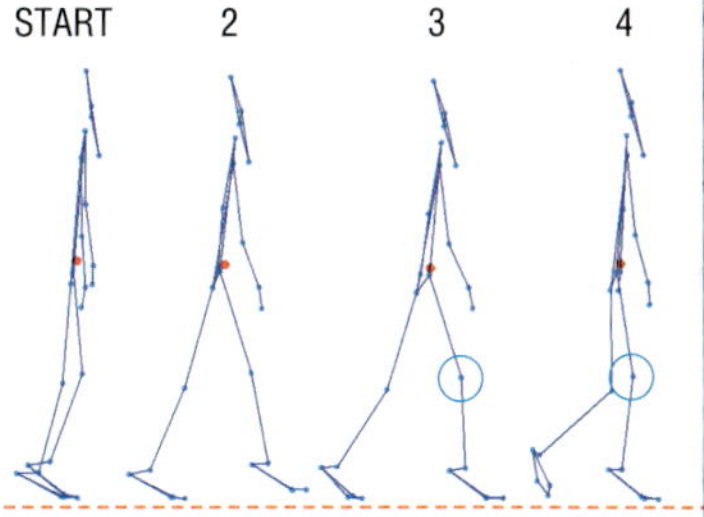
START
2
3
4

❸ 薄底シューズ

角度は小さくなるが、膝は曲がる。重心の上下動もある。

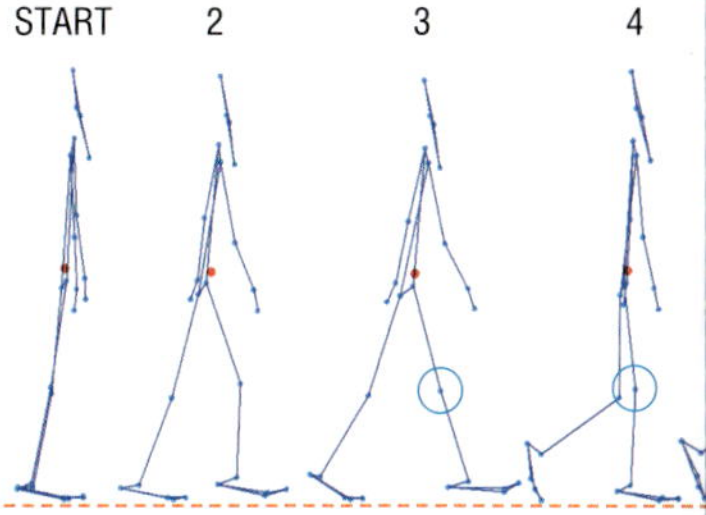
START
2
3
4

❹ クッション系（反発性の強い）シューズ

重心の上下動が激しく、後ろに残り気味。膝も曲がる。

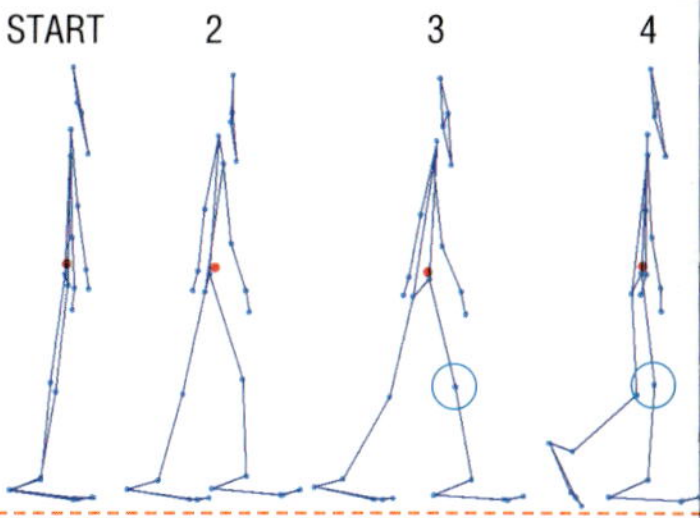
START
2
3
4

❺ 正しいバランスのシューズ（BeMoLo）

膝がきれいに伸びている。重心の上下動がもっとも少ない。

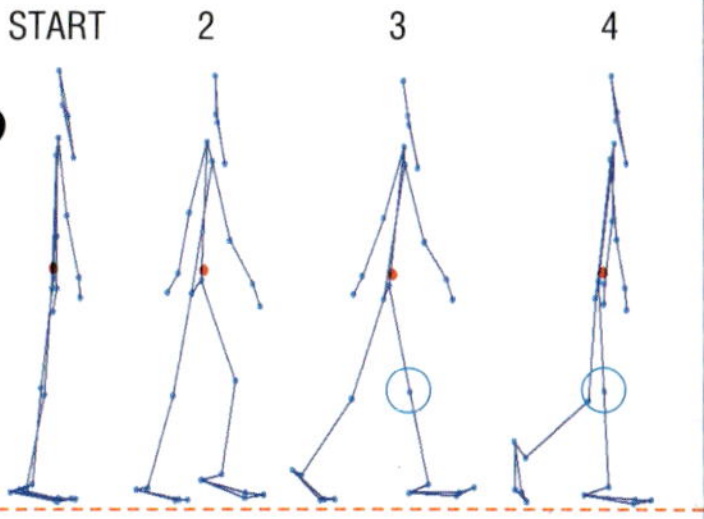
START
2
3
4

利き脚側骨盤を前に出す。遊脚側の膝下を蹴り伸ばし、振り戻さない。

これまで誤解されてきた「正しい歩き方」。振り戻さない。前に蹴り出す。軸脚（後脚）のポイントは側面の②③④⑤に。

側面

①重心が移動するように利き脚の骨盤（写真では右）を前に出します。このことで軸脚が地面をしっかりと押します。

正面

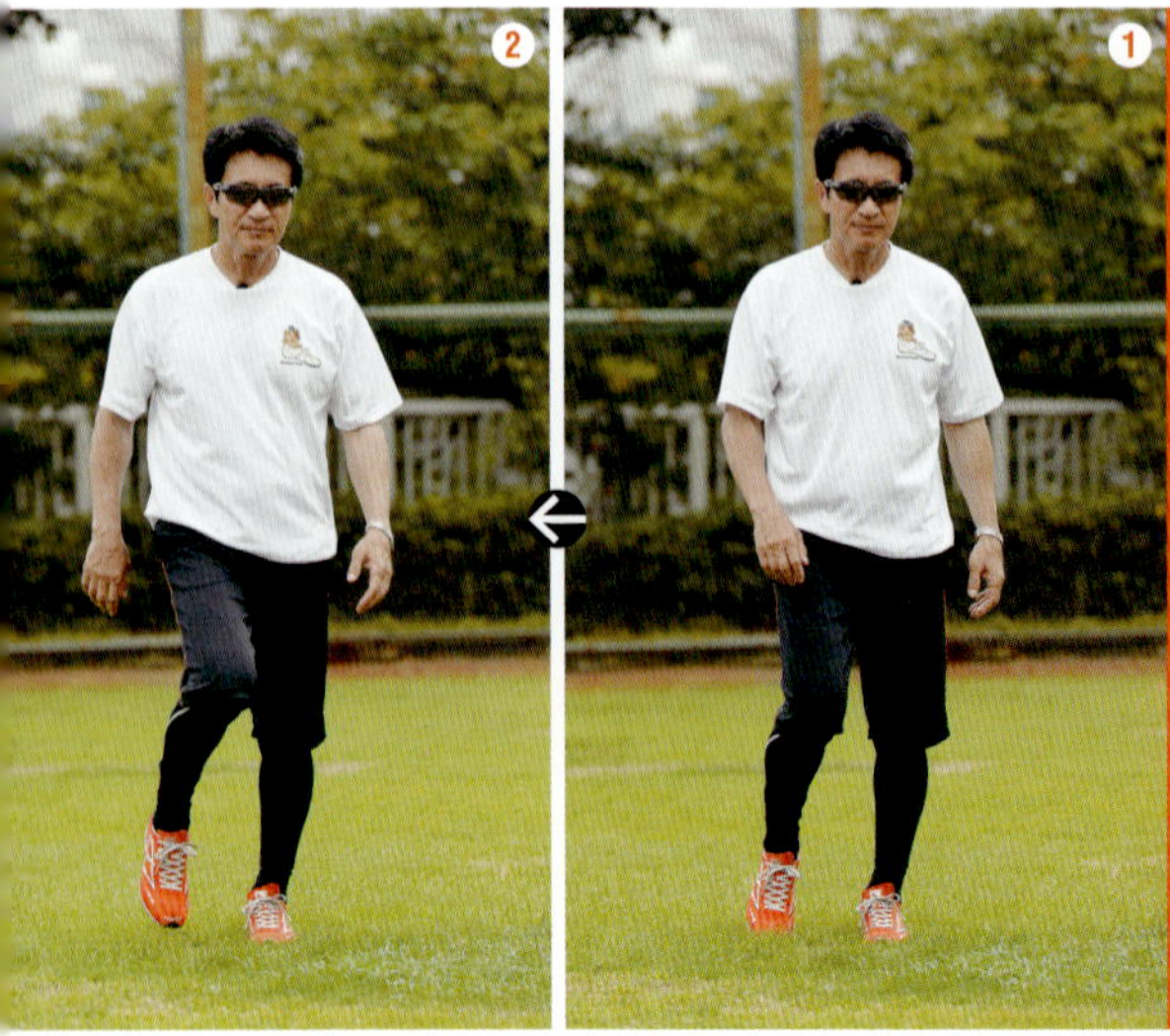

①②③軸脚での重心の移動を追いかけるように、遊脚（写真では右脚）が内旋を始めます。

②③④⑤振り出し脚（遊脚）の膝から下で、地面近くの空気を蹴るように前に振り出します。最初、意識するのは利き脚側だけ。反対の脚は反射的に同様の動き方をするので、意識する必要はありません。慣れたら⑤のように反対の脚の外くるぶしを外側に外すと、さらに脚が前に出て、身体のバランスが高まり、楽に歩行ができます。

詳細は第7章を参照

④⑤着地はフラットに、左右の足跡は2本の直線になります。動物の後脚のように軸脚が力を発揮している様子がよく分かります。遊脚を振り戻すような動作をすると、軸脚の力の発揮を邪魔してしまいます。遊脚の膝下を蹴り伸ばします（振り戻さない）。

必要なのは、裸足より楽で快適なシューズ

着地時の衝撃で生まれやすい筋肉の緊張を防ぎ、人間の本来有するバネ、柔軟性を高めるシューズ。つまり履いている方が楽なシューズが、「正しい歩き方」を論ずるにはどうしても必要だった。

写真は、小山裕史自らが発明したBeMoLoシューズ。初動負荷理論の英名（Beginning Movement Load Theory）から名づけられた。
靴底の3本の「ビモロバー」。この構造が、「4次元フラット」と呼ばれる、土踏まずから指までを長くフラットに使うことを可能にした。足底アーチの持つセンサーバランスを高める。そして、この「4次元フラット®」がバネ様の、筋肉と腱（筋腱複合体）の活動を高める。

※BeMoLoシューズの国際特許取得国は、日本・韓国・アメリカ・中国・EP（ドイツ・フランス・イタリア）です。
※くわしくは273ページをご覧ください。

ビモロランニングVeLo

小山裕史のウォーキング革命

初動負荷理論で考える歩き方と靴

小山裕史

講談社

まえがき

二〇〇五年に「初動負荷理論及び初動負荷トレーニング（Beginning Movement Load Theory & Training）」が文部科学省の「学術フロンティア研究プロジェクト」に採択され、今、私たちは研究のペースを上げています。

また同年、初動負荷トレーニングは、厚生労働省主催・介護予防市町村モデル事業にも採択されました。高齢者の方々の体調改善、医療費減少との関係が示唆されることから、色々な公共団体・民間団体でも採用されており、これらに関する研究も進めています。

そして「歩行動作」「歩くこと」「靴（シューズ）」も初動負荷理論の研究の一環です。

近年、「歩くこと」への関心は急速に高まり、ゆったりとした散歩、速歩、そして、積極的に身体を動かすエクササイズ・ウォーキングを楽しむ方々が増えています。大切な「歩くこと」の重要視、この方向性が誤ったものでなければ、子供たちやスポーツ選手が苦しむ故障の減少に繋がり、また日常生活や仕事上のストレス回避が期待できるのですが、現状は一考を要するようです。

以前、ジョギングブームの起きた頃のアメリカに居た私は、好むと好まざるとに拘わらず、「ジョギング」や「有酸素運動」の議論に巻き込まれました。「有益な有酸素運動であるはずなのに、何故、故障したり、肩や腰が張ったり、倒れたりするのか」が議論のテーマでした。これらの出来事は、私の研究人生のエポックとなった感があります。

マラソン、短距離走などと共に、オリンピックの競歩の強化担当でもあった私は、身体バランス、身体機能を考えると、「動くこと・走ること」は、「歩くこと」と常にフィードバック関係にあるべきだという考えを持ちます。

実際、佐藤敦之選手（中国電力）ら、私と長くトレーニングを共にするトップランナーは「歩くこと」を徹底的に重視してきました。

競歩の日本代表のヨーロッパ遠征時に、「競歩とは異なるけれど、いつか歩くことがメジャーになる」と選手たちに語ったのは一九八八年のことでした。ヨーロッパ各国の歩くことへの関心の深さ、靴の悩みにも触れて、この「感覚」は「確信」に変わります。本書執筆の二十年前の、感慨深い思い出です。

また、多くの出版物中に見られる「ウォーキングの前後にはしっかりストレッチを行い、衝撃を分散するシューズを選ぶことが大切」の表現も気掛かりです。これは、歩くことで腰や膝、肩や首にダメージを受ける方の多さを表しています。

心地よく、健康とシェイプされた身体を求めて歩く。その鍵は、**歩くこと自体が、ストレッチとなる**ことです。

「生活習慣病予防のため、一日一万歩歩こう！」巷《ちまた》に溢れるこの標語の信憑性《しんぴょうせい》、つまり、どのような歩き方でも健康に良いものかどうかも、一考の必要がありそうです。

「足元が不安定な中でかなり歩きますが、生活習慣病予防の前に、関節や筋肉がボロボロになりそうです」と語る、知人の客室乗務員、車掌職の方々の言葉が私たちの悩みを代弁しているかもしれません。それは「地上」においても同じで、使用する靴や、歩行動作が合理的でなければ、かえって身体にダメージを与えます。

医学・医療の進歩による、平均寿命や余命の延びが報じられますが、「自分の意に反して寝たきりでいる私たちを含めての『平均寿命の延び』が悲しい。歩きたいです」と涙された高齢者の方の言葉が耳から離れません。現実とデータの乖離《かいり》……。

この本では、かなり曖昧に捉えられてきた感の強い、歩くことの意味と意義、そして、他の動作や、神経・脳に及ぼす影響などを、科学的知見に基づいて分かりやすく記述したいと思います。そして同時に、歩行以上に「曖昧」な「靴」を科学的に検証して、合目的的《ごうもくてきてき》でない靴が、筋肉・関節へ与えるダメージや、神経・脳との関連にも触れたいと考えます。

また私が研究開発し、既に四千人以上のモニターを得て、故障、ストレス改善、麻痺改善研究でも反響の大きいBeMoLo《ビモロ》シューズのこともご紹介することで、これまで困難とされてきた、歩くことの核心に迫り、「歩くことと靴」の大命題にも挑んでみたいと思います。

本書を機に、仕事中の心身ストレスの解除を願う方、故障をお持ちの方、同様なスポーツ選手、高齢者の方、何らかの障害で歩けない方……。一人でも多くの方が**歩くことができ、歩くほど、しなやかな身体と健康を求められ、故障が減少する！** この理想に近づけますように。深く願いを込めて、執筆させて頂きます。

なお本書は、「ジェシーとボブの物語」と本文からなっています。物語だけでも楽しく考え、勉強できるよう構成しましたので、物語のレトロ、メルヘン調、そして、「ミスマッチ的な標題」もお楽しみ下さい。

小山裕史

CONTENTS

〈本書の表記について〉本書では、足関節（足首）から下位は「足」、股関節から「足」までの全体を「脚」と表記しています。

※のついている語句については、欄外に説明があります。

第2刷の際に、研究の進展に合わせ内容を改訂し、新しいBeMoLoシューズの写真に差し替えました。

第一章

歩き方とシューズの謎の扉を開く

登場人物

小山先生
自称小犬山コロにゃん。
研究者。原稿執筆中に
行方をくらます。

ボブ
テレビ局に勤務。スポーツ
万能だが故障に悩む。

ジェシー
ボブの恋人。日本に留
学したこともある。

ねこじおじさん
ジェシーと知り合いの
日本の編集者。

謎の男
白馬に乗って、疾風の
ように現れる。靴と歩
き方に詳しい男。

ジェシーとボブの愛の物語

風光明媚なヨーロッパの、ある街。ここで学ぶ、美しいジェシーと、ハンサムでスポーツ万能なボブは、学生たちのアイドル的存在。

卒業時に、ジェシーは出版社へ、ボブはゴルフ、サッカー、野球などのプロスポーツに誘われますが、テレビ局に進路を求めます。

学生時代には、いつも見詰め合うだけだった二人も、今は愛を育てているようです。

ボブ　「ジェシー、〈何でも知って、何でも答えて!〉っていうテレビ番組のことは知ってる?」

ジェシー「知ってる! ボブのテレビ局の超人気番組よね! 『何でも答えて土星旅行を当てよう! 土星の環に腰掛けてアップルパイを食べない?』この

ボブ　キャッチ・コピーが受けてるみたいね。ボブも何か担当するの？」
「そう、僕には、初担当となる《シューズはヨーロッパ文明が作った！》という企画を任されているんだ……」

深く溜息をつくボブ。

ボブ　「……資料係が持って来る、二十世紀のもの、十九世紀、十八世紀と、それ以前のもの、とにかく、途轍《とてつ》もない数の靴と、面会の毎日……」
ジェシー「クラシックシューズね、素敵じゃない！　履くことはできるの？」
ボブ　「そうだね、実際に歩けるものもあるんだけど、躓《つまず》いたり、転ぶことも結構あるよ」
ジェシー「それはそうでしょう、十九世紀、十八世紀とか、それ以前のものだと」
ボブ　「それがね、昔の靴は、使用に耐えられるものが極めて少ないので、多く試すのは、二十世紀と二十一世紀の靴なんだ」

ジェシー「まぁ！　ごく最近のものばかりじゃない!?」
ボブ「そう、最新と言われる靴でも、躓いたり、バランスを崩すんだ……妙な気分」
ジェシー「大変なのね……」
ボブ「ジェシー、君も記憶してると思うんだけれど、ユーロ加盟国の通貨が、ユーロに切り替わる時、かなりパニックが起きたよね、あの時のような混乱が、今、僕の身体中に起きてるみたいだ。
　学生時代に、歩き方や走り方が崩れると、スウィング、スローイングが突然乱れる――、これは貴重な体験だったよ。でも今は『乱れ』が大頻発。その上、身体中が常に張ってて……」
ジェシー「そうね、ユーロ切り替えの時には、財産が目減りする――こんな噂も流れて、大変な混乱だったわね。でも私はボブの身体の財産の目減りが心配……」
ボブ「原因は〝靴のテスティング〟に加えて、歩き方と、通勤・仕事用の革靴のせいかな……？　『歩くことは全ての基本』と言われるので、今、かなり歩いてるのに、歩くほどに疲れて、僕の青春や、人生の歩みが止まる……笑えないギャグのような感じだよ」

ジェシー「クス、笑えないけど……、そうね！　『基本』の乱発は、世の常なのかな？　『基本』と呼ぶのであれば、『定義』がなくてはならないし、あってよいはずの『基本』と基本の手前、基本の準備』さえ、意外と教わらないものね。それにしても、いつもの陽気なボブではないわ……。元気を出してね、もうすぐあなたのお誕生日よ！」

あとで、ボブの溜息の真意を知るジェシーも今は、ボブへの気遣いで頭が一杯。

ボブ　「ありがとう……。ジェシー」

ジェシーの美しいおでこにチュッとキスをするボブ。そして帰路につく二人……。

ジェシー「少しは元気になってくれたかな……。でもボブったら、どうして、おでこのキスばかりなの……。私のことは子供扱い？　そうか！　ボブと私の身長差と、ボブの腰の張り……。ここにヒントがありそう！」

1　科学しきれぬ歴史に翻弄され続ける「歩行動作」

文部科学省の「学術フロンティア研究プロジェクト」に採択された初動負荷理論の発展研究では、「初動負荷トレーニング理論と運動機能改善」を中心とした研究と報告を行っています。

運動機能を改善するには、「歩くこと」を合理的にすることが必要です。そしてそのためには合理的、理想的な動作を誘導する「靴（シューズ）」の研究が不可欠でした。

「歩き方」と「靴」は、車の両輪のように例えることができますが、研究を進めれば進めるほど、「不揃《ふぞろ》いの両輪」であるという実態に直面します。「不揃いの両輪」では、運動機能の改善ができるどころか、身体のバランスを崩し、運動機能の衰退を招きかねません。

この難解なテーマに踏み込むと、「深みに嵌《は》まることになる」とも言われました。

確かに、解明・究明されていないポイントや問題は多いのです。しかし、初動負荷理論を基にすると、解明できることが多くあります。

前著『「奇跡」のトレーニング』（講談社刊）でも大切にした「歩き方」、「歩行動作から走動作への移行」のテーマ。これらへのお問い合わせをたくさん頂きました。

中でも医師たちからとくに多く寄せられた問い合わせを要約すると、

「多くの出版物、書籍の中で、『歩く』という動作は『あらゆる運動、日常生活の基本です』と記述されていますが、何を基準とした『基本』なのかが漠然としていて、曖昧な表現が多過ぎます。歩くということはどういうことで、心身との機能連関の確たる定義もありません。初動負荷理論を基にすると可能でしょうか？」

ということでした。

確かに「定義無きところに科学無し、医科学無し」とも言われます。大切にしたい考え方の一つです。

一般的な考え方では、「歩くこと」は日常何気なく、あるいは意識的にでも、とにかく「脚を動かしている動作、脚が動く動作」で、それゆえに「基本」と捉えられるかのような、具体性の欠如した表現で済まされているようです。

健常者の方々は、「歩くことができる自分は健康」と思い込みがちです。しかし、実際には、歩くこと、歩き方の方法一つで、いかに身体に好・悪の影響を与えるか、そしてストレス、故障、体調不良を招くか、といった怖いまでの実態が見過ごされています。その影響は、スポーツや日常生活の中での「目の動き」「視覚」「聴覚」にも及びます。

逆に麻痺疾患、故障によって、何年間も車椅子で生活された方々が、「自ら立ち上がり、歩くことができるようになる」ということは、どれくらい大きな喜びでしょうか。

スポーツだけでなく、これらの改善研究も私の主研究ですので、この喜びを共有させて頂くことが、研究と指導現場での励みです。

重力や様々な抵抗を受ける地球上で生活し、運動する人間の「歩く」あるいは「車椅子で移動する」という動作は、本来大変なことで、「奇跡に近いもの」と考えることもできます。《生命の力》に全ての感動の言葉や表現を捧げても捧げきれない――

この想いは研究と実証を通じて深いものになっていきます。

合理的な歩く動作は、健康作りにも、スポーツ選手の競技力向上にも大きな効果が期待できることを明らかにする——これをテーマとして本書を進めます。

2 「歩く」という難しい動作と「靴」——不揃いの両輪

スポーツでは「走ることが基本」と表現されますが、合理的でない走り方は、体力、身体バランス、そしてパフォーマンスを低下させます。**合理的にうまく歩くことができなくて、うまく走ることのできるプレーヤーと出会ったことはありません。**

私が担当させて頂くオリンピック・メダリスト、トッププレーヤーは異口同音に、「歩くことは難しい」、「歩くことは最も追求の難しい動作の一つ」と表現します。

確かに、積極的に歩くことでかえってバランスを崩して、ストレスを招くことも多いのです。

当たり前のようですが歩行動作中の脚の上には上半身があり、更にその上位には首と目、耳などを含む頭部があります。

「歩くこと」とそのための道具であるシューズは、車の両輪に例えられる、そしてそれはしばしば「不揃いの両輪」であると先に述べました。不揃いの両輪の車を押したり、引く、そして、その上に乗れば、その車も、動作する人も、バランスを崩したり、様々なダメージを受けることになります。

武術やスポーツの中で、相手を倒すために「耳を崩す」「目を崩す」「首、肩を崩す」という技術があります。この表現は、いとも簡単に人間のバランスが崩れることを表してもいます。

3　イチロー選手と青木功プロの歩き方

夢と、究極を求めるイチロー選手と私は、トレーニングを共にさせて頂いて久しくなります。イチロー選手のバッティング、スローイング、そしてスプリント能力はもちろんのことですが、彼の歩き方も、クローズアップされています。

メジャーリーグのもっとその先にあるものの追求、イチローという人間でなければできない、動きと野球の極みに迫る——求道者のような彼の根幹を成すものの一つが歩き方なのです。

そして、私が「親父」とお慕いし、父を早くに亡くした私に、「自分が先生の父親になってよいよ」と嬉しいお言葉をくださる、ゴルフの青木功プロ。

ご自身より遥かに若い選手よりもボールを飛ばし、正確なショットとパッティングには磨きがかかるばかり。二〇〇七年の日本シニアオープンゴルフ選手権での優勝、エイジシュートの達成と、どこまでも進化する姿を見せています。

このお二人と私の交流はそのまま、「歩くこと」と「技術」の意味を的確に表現しています。

イチロー選手も青木功プロも一九九〇年代に出会わせていただき、現在に至ります。私は、お二人との最初の出会いの時から、彼らの「歩き方」が示す、動作能力の高さに驚いたものです。

多くの方々の歩くという動作は、《重心を後方に残し》《脚を振り出し》《踵《かかと》を地面に当ててブレーキをかけ》たり、《振り戻して地面に踵を当て》、《足底（土踏まず部分）》に、いわゆる《腰（骨盤・重心位置）が乗る時》には《膝が曲がっている》、あるいは《歩行動作中に膝が完全に伸びる期間がない》という特徴を持ちます。

ところが、イチロー選手と青木功プロは、《重心移動を先行させる》ことによって《脚を振り出さず》《脚が前に出て》《その着地場所》に対して、《身体、重心が乗り込んでいく動作》を示し、《足底（足裏）に腰（骨盤・重心位置）が乗る時》に《膝が伸びている》。これが彼らの合理的な、歩行動作の特徴で、簡単そうで難しい動作と言えます。これはスポーツだけでなく、お仕事や学習に代表される、日常生活のストレスや故障を作らないための「歩行動作」の基本の一つとして把握し、この後、詳細を考えてみたいと思います。

イチロー選手、青木功プロは、この特徴を更に磨いて、ランニングフォームや様々な動作の進化に結びつけています。これらの「進化のポイント」は、発達する身体バランスと神経系の関わりにあります。

イチロー選手、青木功プロ、それぞれの競技である野球・ゴルフは、「考える」という随意性（意識性）に加えて「反射動作と反射バランス」が鍵の一つです。そして、重要視される**動体視力**は、基本とされる歩き方、走り方、そして「立ち方」「座り方」などが決めています。

完全であれば追求の必要無しが、私たちに共通した考えですが、近づいてはその位置を変える「目標」と「完全さ」――この追求が永遠のテーマです。初めての出会いから今日までの間には、この歩行動作もかなり進化していることは述べるまでもありません。この後で述べる定義に、一つの集約があります。

4 「歩くこと」は全ての動作の集約――その《定義》

歩き方の、時として変わるバランスが、日常の身体動作や、俊敏な動作に与える影響は、次の定義Ⅰの範囲にあり、サッカー、バスケット、そして武道、全てのスポーツに求められる重要な共通点です。このような視点から定義を試みます。

【定義Ⅰ】

「歩き方、走り方は、脚だけでなく、腕を使うバッティング、ショット、スローイング等の反射動作との間に究極とも言える連関がある」

【定義Ⅱ】

「急に曲がる、ターンするという動作を含む歩き方、走り方と、反射的・随意的（意識下の）動作中に使う目、視野とは深い連関がある」

【定義Ⅲ】

「ターンするという歩行動作は、様々なパフォーマンスの精度差として現れる。また、ストレス、故障、スタミナと呼ばれるものの鍵となる」

　車や人などの急な飛び出しをよける、急に曲がる、ターンするという重要な歩行動作については、第七章で改めて述べます。

【定義Ⅳ】

「脳と足底は、ごくごく短時間で神経、脊髄を介した反射応答を行う。足底全体、足指を含む、その着地順、着地時の足指の伸び方、曲がり方により、足底～脳間の反射応答の様相が変化する」

【定義Ｖ】

「歩き方は血流、緊張、身体全体の関節ストレス、筋肉ストレスなどを含め、腰、首、頭部などへのストレスと大きく関与する」

また、第七章で述べますが、「肩で歩く」という動作の応用を、車椅子使用の方々にマスターして頂くと、首、肩、背中や腰にかかるストレスの軽減と、安全性の向上に繋がることなどは特記しておきたいと考えます。車椅子ご使用時に、「歩く動作」に酷似する「肩」の洗練された動きを追求できればストレス、ロス無き動作の追求は無限で、行動の範囲も拡がるでしょう！

私はパラリンピックにも深く関わらせて頂いていますが、スポーツの動作研究と麻痺改善研究に取り組む視点には深い連関があります。動作の点と点、空間上の線と線、そして線と点の繋がりを見出すこと、これを私は学問上、「動作視点」と定義しています。

このように、本章は**歩くことは脚だけを使い、脚のみが重要視される動作ではないことを考える最初の段階と位置づけます。**

余談ですが、青木プロが私の父親になって下さるその代わりに、私が青木功プロの伝記を書かせて頂くことになっています（笑）。動作の究極を求める観察眼・動作視点無くして自分の伝記は書けない——と仰《おっしゃ》っています（笑）。

5　宗兄弟と私の靴研究——シューズ研究、そのエピソード

靴の研究に拍車をかけたものは、合理的な歩行動作の追求と研究です。そして、私の兄のような存在で、双子の名ランナーとして知られる宗兄弟（兄・茂氏、弟・猛氏。旭化成陸上部顧問、監督、日本陸上競技連盟長距離ブロック部長などを歴任）の《探究者魂》です。

走るコンピューターとも表現された現役時代の頭脳と行動力を、今は、名伯楽として、マラソンメダリスト、数多くのトップランナー育成に発揮されています。

最初の出会いは、一九八〇年代前半。初対面の時の印象を、今でも懐かしそうに語られるお二人です。

「トレーニング研究、動作研究が専門と言われるが、私たちが抱いた数々の疑問に、何一つとして回答をくれた学者も科学者もいない。私たちの元に講義に来られた学者の中には、質問に答えられず困惑して帰られた方々もいる……そういう中で、私たちの抱いた全ての疑問に納得できる回答を下さった方が小山先生です」

私にとりましても、研究や追求していたことに対するご質問でしたので、懸命に回答させて頂いたのですが、この「質問」と「回答」のことを真剣に語られる姿に、私は青くなります。以前も現在も『世界の宗兄弟』ですから、当然ですね（笑）。

走ること、スポーツを通し、そして、生き方を交えて、私が受けた影響は少なくありません。お二人の深い心、磨かれた感性が、私を育てて下さいました。深い交流は現在も続き、動作追求の未来を見つめています。

「私たちは、双子の兄弟と言われていますが、もう一人、兄弟がいまして、三兄弟です。その人は、小山裕史という方です」

尊敬する宗兄弟に、出会いの当時からこのように関係者に伝えて頂いていたのですから、大変な出会いですね（笑）。

このように、動作を含めて、生き方と人生観をも研鑽させて頂く、深い出会い。この中で、長い間、私の頭の中にあった「靴の設計図」が登場します。

「理想の走り方を追求しようとすればするほど、選手たちが、靴を原因とすると思われる故障に苦しんでいます。履ける靴がありません。先生の頭の中にある靴をそろそろ作って下さい！」

これは競技者、指導者、そして科学者としての頭脳を持つ、宗兄弟の心の叫びのようでした。

「各種競技や日常生活の中で履く靴への疑問、更に故障改善、麻痺改善のための靴がない悩みなど、靴に関するご相談は後を絶ちません。やってみますか！」

「頭の中にあった設計図」の具現化には数年の時間を要しましたが、この会話が実行の直接的な契機となりました。

そしてこのシューズ無しに「歩き方」は語れませんでした。

歩き方は全ての動作の集約を示す、と私は考えています。「このように歩きたいのだけれど」、「どうして、こんな風に動けないの……」という表現が繰り返されてきた歴史を変えるには、**靴と、歩く、走るなどの動作との関係が作る故障の根本を解決し**なければ、全てが始まりませんでした。

第二章

ストレスを増産する歩き方と自己防衛

ジェシーとボブの深まる愛の物語

今日はボブの誕生日。太陽が、地表との角度を一気に小さくするのを待って、一面に広がろうとする薄暮《はくぼ》の精たち……。

彼女たちは、いくつかのグループに分かれて作業を始めました。一つのグループは、空間一杯の、薄くて透明度の高いグレーの色を押し寄せて、大きなスクリーンを作っています。

他のグループは、太陽が少しだけ残していった、オレンジ色と黄色の光を拾い集めて、スクリーンを照らす照明を作り、彼女たちにしかできない夕暮れを演出して楽しんでいます。

妖精たちの作ったスクリーンと照明の中に、ジェシーが近づいて来ました。清楚な彼女は煌《きらめ》き、その美しさに妖精たちはハッとし、優しい微笑《ほほえ》みを彼女に返します。彼女たちは、地面まで届くジェシーのロングパンツには興味を示さず、愛らしいジェシーへの応援を決めたようです。

妖精たちが二人一組で作った、長いアーチの中を、スーツスタイルで歩んでくるボブ。彼の姿を見た途端、ジェシーは、ボブに捧げるために入念に用意した、愛の言葉を全て忘れてしまいました……。

ジェシー「ハッピーバースデー！　ボブ。……生まれて来てくれてありがとう」

ボブ　「ありがとう、ジェシー。僕も同じことを感じていたよ……。美しい夕暮れだね」

ジェシーが自然に発した言葉は、たまたま昨夜、ボブが必死で暗記した『愛の名言集』の中の一つ。ジェシーの優しいフレーズを耳にしたその瞬間、丸暗記の愛の言葉を全て忘れたボブでした……。

薄暮の精たちは、二人の様子を見ながら、ハラハラして、全員、身体を強ばらせて、筋肉痛になった妖精たちもいます。その様子がジェシーに響いたのか、この雰囲気には全くふさわしくない、次の言葉が彼女の口から飛び出します……。

ジェシー「ねぇ、ボブが筋肉痛に悩む理由は？　喜ぶ方もいるわよね」

ボブ「えっ、ジェシー、いきなりどうしたの？　そうだね、『筋肉痛の感覚がストレス解消剤』という方には有効かもしれないものね……。筋肉痛は、『鍛えないで運動することが原因』とされるし、確かにそれもあるけれど、僕は、良くないトレーニングやロス動作に原因を求めるよ……。

良い動作を求める時、自分の動きや、技術がうまくできなくて生まれる筋肉痛もあるからね。

それを乗り越えるためのものだと良いのだけれど、不合理なトレーニングを強制された時や、ロス動作の後に、決まって発生する、嫌な筋肉痛、増えるストレス、動かぬ身体……」

ジェシー「嫌な筋肉痛、増えるストレス、動かぬ身体って、哲学的で語呂が良いのが癪《しゃく》ね。（私、どうして、この美しいムードに全く不釣り合いなことを話しているのかしら。周囲の誰かがそうさせてるみたい……）」

ボブ「（ジェシー、今日は僕の誕生日だよ、どうしてその話題なの……確かに最近の僕は筋肉痛に苦しんでるよ。でもこの美しい風景の中で筋肉痛の話をすると、筋肉スリーになりそうだ。でも、ジェシーが心配してるから、元気よく行くぞ！）そうだね！　実際には何十回かダッシュをしても、数百回バットを振っても筋肉痛が出ないようじゃなきゃ、精緻な動作も、正確なパワフル動作もできないもの。故障がちだった僕は、それでプロスポーツを断念ってわけ」

ジェシー「そうだったわね……ボブ、私が日本留学中に聞いた、『百メートル走でも、マラソンでも、凄い日本新記録や世界新記録を作った選手は、疲労感はあっても、身体のどこも張らない、と表現します』このコメントを思い出した！　神経系の発達、神経と筋肉の協調的機能の促進理論と実践方法を創案した方。動作追求、故障や麻痺改善に有効なトレーニングを具現化して、イチロー選手たちも徹底的に彼と取り組んでる……えーっと、名前は……。

（確か……ココ・コ・コ……とか《犬》のような名前だったわ……。駄目、駄目、ムードを変えなきゃ！）

ボブ、これを受け取って。お誕生日プレゼントよ！　この箱の中には、今ボブが履いてる踵高《かかとだか》の革靴とは違って、全てクッション性の高い素材で作ったシューズが入ってるの！　底も踵も柔らかさ抜群なので、きっと身体が楽になるわよ！」

ボブ　「ジェシー、僕のために探してくれたのかい！　開けてもいい？」

ジェシー「もちろん！　どうぞ」

ボブ　「素敵なデザインだ！　ありがとう。明日から使わせて頂くね」

ジェシー「良かった、喜んでくれて！」

ボブ　「ジェシー、ところで、その日本人の方の言葉って、何かとても興味ある見解だね！　身体が強く張りながら、筋肉痛が出ながらでは、凄い新記録は作れないもの。あれっ、ジェシー、君ってこの数週間で急に身長が伸びたね！」

ジェシー「ようやく気付いてくれたのね。まだまだ成長期なのよ」

地面まで届く、長いロングパンツで隠した、超踵高のハイヒール。仕事を終えて、デパートで購入したファッショナブルな彼女の靴の中では、「永久つま先立ち地獄」が始まっていました。ジェシーのふくらはぎと足の指は痙攣《けいれん》寸前。膝と腰は震え、蒼白な顔面には冷や汗と脂汗が……。

ジェシーの関節と筋肉の悲鳴を、彼女の「かわいい恥じらい」と勘違いしたボブ。彼女の両肩をボブは両手で優しく包み、ジェシーはボブの両腕に両手を添え、ボブはジェシーの唇にそっと……。時間は止まります。

ジェシー「(やった、作戦大成功！　でも、この関節や筋肉の痛みと震えには参るわ……。冷や汗、脂汗が止まらない、どうなるの……。あれ……超踵高ハイヒールだから、ボブに寄りかかるはずよ、なのに後ろ向きに倒れそう。ボブの腕をしっかり摑《つか》まなきゃ……駄目、無理！　もう限界！)」

ボブ　「(ジェシー、後ろに反るのはやめて～！　今日は番組制作の都合で、特に踵の高い革靴なんだ。この靴のせいでフラフラ……。腰が落ちて、前腿《まえもも》がパンパンに張ってきてる、もう限界だ……。引き寄せたいジェシーが反り返り、僕も反り返っている。あれ、意識はないのに、僕の腕は彼女の肩を押してる……。まるで相撲の《突っ張り、押し出し》の体勢。あーもう駄目だ……ジェシーが土俵を割りそう……)」

薄暮の精たちが、このシーンを見ることができたら、拍手をしたでしょうか？　それとも……。妖精たちは見届けたかったのですが、周囲は既にすっかり暮れて、彼女たちはお家《うち》へ帰り、おねむの時間なのでした。

二人は初めて腕を組んで歩きます。

ジェシー「ボブ？　私たちって真っ直ぐ歩いてないわね。蛇行したり、離れたりくっついたり。道路と歩道の境目に行くと、ボブは何度も道路に落ちてる」

ボブ「えっ？　君の、肩を使ったチョッカイ攻撃じゃないの？　急に離れたり、ドカンと当たったり、重いくらいにくっついたり……」

ジェシー「あら、私は、ボブの腕が私の肩を悪戯《いたずら》攻撃してるんだと思ってた。ハイヒールは歩き難いし、攻撃無しでもフラフラ……。でも、どうして身体どうしがこんなに当たるの？　ボブが引っ張ったり、ドカンと当たってきたり。身体がくの字に曲がって、ボブに引っ張られたり、ボブが私に寄りかかったり、きっと仲の良い証拠ね」

ボブ「そうだね。あれ、身長が伸びたんじゃなくて、ハイヒールだったんだ？ロングパンツに隠れて気付かなかった……」

ジェシー「バレちゃった！　腰が痛いボブの姿勢が楽になる、高さ調整の作戦だったの。名付けて《リップtoリップ！　おでこは嫌よの大作戦！》キャハ」

ボブ「やられた。そうだ！　今の僕たちと同じ光景を見たよ！　以前、スポーツで日本遠征をした時、東京の渋谷や新宿、大阪、神戸で。あれは日本人独特のカップリング・ウォークじゃなかったんだ！」

ジェシー「私、日本留学中は、池袋の近くに住んでたの。池袋にもたくさんいたわよ、凄《すご》く蛇行して歩いたり、どちらかがブラ下がってるようなカップルが。あれ、よく見ると、ボブの歩き方は両足のつま先が開いてる。私のつま先はかなり内向き。これも関係してるのかな……」

ボブ「歩くことって難しいんだ！　君と僕が履いてる靴の影響もあるよね」

ジェシー「ボブ、今度の休日に書店へ行って、歩き方の本を買いましょう！」

明るい街の灯が、幸福そうな二人の姿を浮かび上がらせています。ラブ・ロマンス映画の俳優のような雰囲気を持つジェシーとボブです。

しかし、二人の靴と歩き方のせいもあり、ふくらはぎも腿も腰も、超パンパンに張っています。膝と腰はかなり曲がり、寄り添っているといっても、互いが互いの《支え棒》のような状態。二人は、心の中では互いに、「今、一人であれば、杖が欲しい。腰をトントンと叩きたい」と考えているようです。

ジェシーは考えています。「急にお婆ちゃんの姿勢になったみたい、あのイタリアの諺《ことわざ》は間違ってる……『老婆《ろうば》は一日でも成る』のよ」

今日の二人は、ラブ・ロマンス映画ではなく、《ギャグ・コメディー》映画の方がふさわしいようです。

1　歩き方と靴の正と負の無限連鎖

交差点などで行き交う多くの人と出会います。身体動作を医科学的見地から分析してみると、同じ歩き方をする人はいないといってよいくらいに、百人百様です。

〈ハイヒールを履いている人は膝が曲がったまま歩いている〉

〈ヒールが高ければ高いほど膝の曲がりは大きく、腰も曲がっている〉

〈土踏まず部分と地面の空間の大きなハイヒールの使用者は、上体が後ろに反っている〉

〈踵の高いスニーカーを履いている人は、上体が後ろに倒れている〉

〈上体が後ろに倒れている人は、バランスをとるためか首を突き出して歩いている〉

〈分厚い底のシューズを履いている人の首も前に出ている〉

〈分厚い底のシューズを履いている人の首は前後に不必要に揺れている〉

〈足を外に向けて歩く人は、肩をゆすって歩いている〉

写・図2-1　さまざまな歩き方

足を外に向けて歩く人は
肩をゆすって歩いている。

踵の高いスニーカーを履いている
人は上体が後ろに倒れている。

ハイヒールを履いている人は
膝が曲がったまま歩いている。

つま先が上がったシューズで
スリップするように歩いている。

小さな子供たちはつま先で着
地し、躓きそうになっている。

お腹の出た人は腰が後ろに倒れてい
て脚を外に向けて歩くことが多い。

〈左右の脚の振り出す方向の異なる人は、半身《はんみ》のようにどちらかの肩が前に出ている〉
〈腕の左右の動きが違う人は、脚の動かし方も左右で違っている〉
〈底が厚くて柔らかいシューズを履いている人は、つま先が早く落ちている〉
〈つま先が早く落ちる人は足音が大きい〉
〈お腹の出た人は腰が後ろに倒れていて、脚を外に向けて歩くことが多い〉
〈小さな子供たちは、足底前半からつま先で着地し、歩き、躓《つまず》きそうになっている〉
〈小さな子供たちは、大きな膝のストレスが予期されるくらいに膝を曲げたまま歩いている〉
〈ハイヒールや、つま先が上がったシューズでは、外側に横滑りするように歩いている〉
〈底が厚くて柔らかいシューズを履いている人は、横滑りしながら歩いている〉
〈腕を組んで歩いているカップルの多くは、着用しているシューズの特徴と、互いの着地の時の足の向きによって蛇行している〉

〈腕を組んで歩いているカップルの多くは、意識とは無関係に、相手にブラ下がる動作を示したり、歩くごとに腕と肩を衝突させている〉

歩行の特徴を更に検証すると、外反拇趾《がいはんぼし》、膝痛、腰痛、肩凝り、首痛等の有無を指摘できます。それほど、歩くという動作と故障や痛みとの関係は密接です。

日常の最多動作と言える「歩行」が右のような状態で、スポーツ、仕事、日常生活を行っているわけです。この中で突発的な動作から受けるダメージなどもあるわけですから、歩き方を改善することは、ご自身を守るためにも重要であるということが分かります。

2　ストレス・歩き方の癖と靴との負の無限連鎖

単なる個性、個体特性の一つ程度にも見える、百人百通りの歩き方。これを更に「バイオメカニクス（生体力学）」、「身体運動科学」の見地から検証を重ねると、文字通り、大人数の対象群の最大公約数的要素が現れ、共通項と特徴が明らかになりま

す。いくつかピックアップすると、
①身体の使い方によるもの（※1）
②身体の捻《ねじ》れやロス・バランスによるもの
③シューズの影響によるもの
④上半身と下半身の連動によるもの
⑤身体各部位の運動連鎖（※2）、動作の連続性・不連続性によるもの
などです。もちろん、これらの要素と特徴は相互に影響し合います。時には本来の筋肉や関節の機能を飛び越えて、全く別の筋肉との間でアンバランスを助長することも少なくありません。

これらには全て、身体の表層、深層、脳、内臓から、手指、足指、皮膚などに至るまで縦横に張りめぐらされた「神経」、「神経系」の働きが介在しています。

歩行動作を含む多くの身体活動は、①神経系が身体各部位（部分）の感知する情報、外部の情況の変化などをキャッチして　②中枢（脳と脊髄）へ伝達　③伝達情報は脳と脊髄に集中・集積　④中枢での情報処理・適応反応情報を作り　⑤身体各部位

※1　これは随意的運動と不随意的（意識的コントロール外・反射）運動とに分けられます。

に指令・フィードバックする、というメカニズムが司っています。

そしてこれらは身体の内外の構造や機能に直接的影響を与え合います。

また、シューズそのものの構造や、着用者の歩き方がマイナス要因となって削れたり、体重・動作を含めた圧力、摩擦やそれによって発生する熱の力で**変形した靴底や踵も、「歩き方」を作ります。**

この歩き方は、変形シューズ、もしくは変形進行中のシューズと、着用者の歩き方の癖の合作であるにも拘わらず、生来の歩き方であるかのような錯覚をさせているようです。

変形シューズでついた歩き方の癖が、そのシューズの変形の度合いを高め、この度合いの高まりが、予測のつかない「歩き方の癖」を作り、「予測のつかない歩き方の癖」が、変形シューズを更に変形させる――。そのシューズが壊れるか放棄されるまで、このような負の無限連鎖が展開されます。

例を一つ挙げれば、クッションが不必要に強く利いている（反発性の強い）シューズ、あるいは、不必要に柔らかい靴底や踵を持つ（反発を吸収する）シューズ（以

※２　運動連鎖は広い概念を持ちますが、本書では手・足といった身体末端部のスピードを上げるための身体の使い方と捉えます。詳しくは、第四章116ページ参照。

下、本書ではこの二つのタイプのシューズをまとめてクッション系シューズと呼びます）の人体に与えるアンバランスやストレスは、少ないものではありません。それに加えて踵が高かったり、分厚い底を形成していれば、負の無限連鎖を更に加速させます。

この独特、特異な「歩き方の癖」によるストレスは、もちろん靴だけでなく、身体への強いダメージとなるので怖いのです。筋肉や関節に与えるだけではなく、神経、神経系に及び、脊髄を介して脳にも影響を与えます。

本章の冒頭で見た例でも、既に骨が変形していたり、筋肉の硬化が進行している方、そして関節の可動域の減少による制限を受けている方、腰痛、膝痛、肩・首痛等をお持ちの方もいらっしゃるでしょう。

こうした「負の無限連鎖」、身体の制限、故障への考慮がなければ、健康やスポーツに役立てようと「歩き方」を論議しても何ら意味がありません。

3　身体を壊さないための靴のヒールとクッション性の知識①

歩き方を考える前に、歩くための道具である靴（シューズ）のことを少し考察します。シューズによって、立ち方、歩き方のバランスが変わることは誰もが体験します。

ここではポピュラーなハイヒールや前述したクッション系シューズを例に挙げて、身体のバランスを崩したり、身体機能を壊すメカニズムについて、科学的検証に基づきながら考察します。

ハイヒールや、クッション系シューズの使用の怖さを認識することは、《人類の最重要課題の一つ》です。

「ハイヒール」と聞けば、誰しも「女性の履くシューズ」と限定された印象を招きがちですが、これまでの一般的な男性用の「革靴」もハイヒールと同様な構造を持っています。スポーツ用、ファッション用シューズのほとんどもこの範疇《はんちゅう》（以下、ヒール系シューズとします）に属します。

これは、ハイヒールのように踵だけが突出していなくても、踵部分が分厚くなっているというような、足を入れた時に感じる踵部分の高さがハイヒールと同様に作用するからです。

分かりやすいので、まず女性用のいわゆる「ハイヒール」と限定されるものを例にとります。踵の細さが際立ち、そしてその名の通り、高い踵が特徴です。

これを着用した人の「重心位置」は当然上昇し、そして、その人の体重は、踵や足底部（足裏の土踏まず部分）ではなく足指の方向にそのほとんどが移動します。

頻繁に誤解、誤認されて**足底、踵の衝撃吸収が大切**と叫ばれますが、衝撃吸収の役割の多くは、この足指とその周辺が担っています。

足指やその周辺は、小さな骨の集合体で、この小さな骨の集まりという形態と構造そのものが、本来は、**広い領域にわたって、体重を分散することを機能的役割としています。**

この部分は「衝撃吸収アーチ」と呼ばれ、身体の支持や、バランスをとるための極めて重要な機能をもつ部分です。

しかしハイヒールを着用すると、足指とその周辺領域にとっては耐え難い、機能停止を示すほどの荷重・負荷がかかります。歩いたり、走ったりといった動作を行えば、ストレスとダメージは更に巨大なものになります。

人間という物体、質量（体重）が動く、移動する時に生まれる「力」、「運動エネルギー」は静止状態と比べると、まさに巨大化という表現がふさわしくなります。

この巨大な力や運動エネルギーをうまく活用すれば、動作技術、正味のパワーが高まる可能性があります。

しかし、動作技術を追求する前に、ハイヒール及びヒール系シューズが、その「道具」であれば人間が動く、移動する時の力やエネルギーをうまく使えません。

また、この**力やエネルギーは、実際には正味の身体活動に使う力やエネルギーよりも遥かに「余る」傾向にあることが知られていて、こうした余剰分、うまく生まれた力も活用できなければ、身体を痛めつける力にもなります。**

反作用の力や、その力の方向性が、乱れる中で動作することにより、関節や筋肉にダメージが加わる、このように考えると理解しやすいかもしれません。
これは身体バランスなどで分散する力を考慮してもゆゆしきものです。

4　身体を壊さないための靴のヒールとクッション性の知識②

ハイヒールでの活動で受けるダメージは、足先前先端エリアという小さな部分に体重、移動で生まれる力が集中することに、その原因の一つがあります。

この小さなエリアは機能解剖学的には、足指に加えて、よく知られる拇趾球、小趾球《しょうしきゅう》の「球」と呼ばれる、各足指の「球」の部分、統合すると各足の指の先端からこの「球」までの範囲のことを言います。

つまり、体重を始めとする荷重が集中する領域とは、「各足指〜球」の部分を集合させた総面積と考えるとスマートです。（図2－2）

ところが、この総面積を求めると、成人男性でも、その面積値はそんなに大きいものではありません。もちろん足のサイズによって異なりますが、使用するシューズが

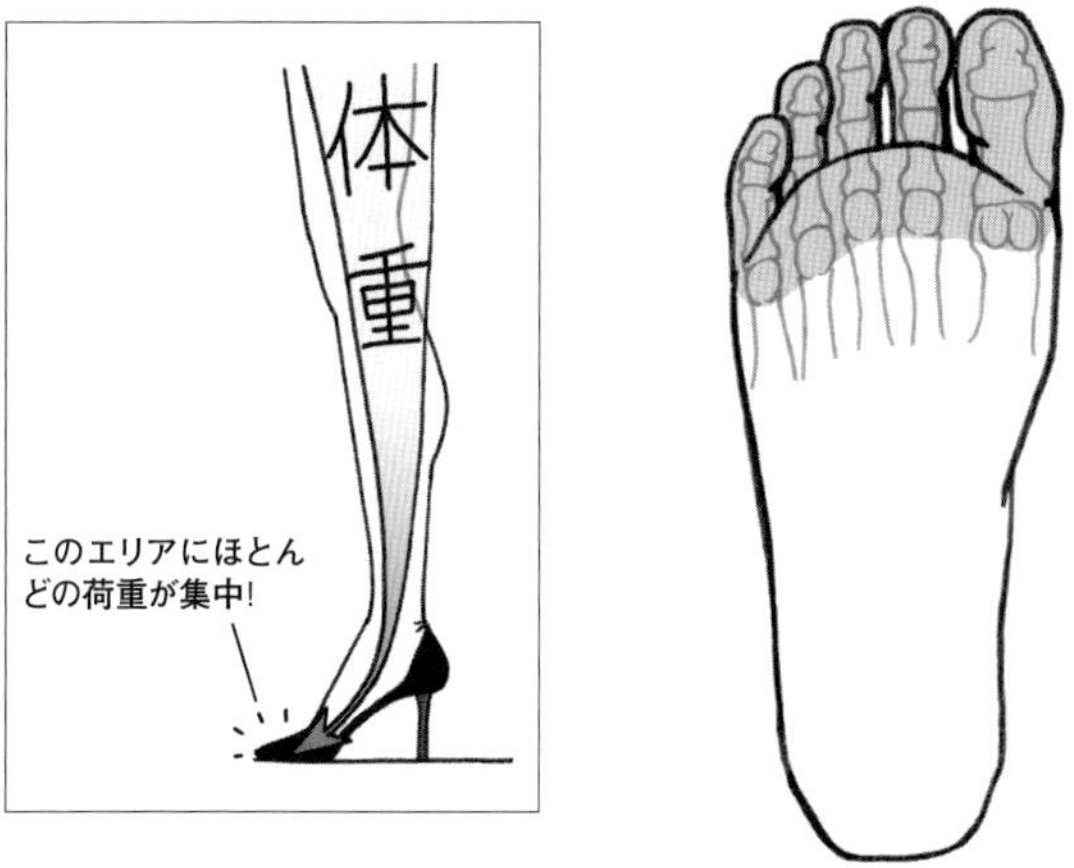

図2-2　足先前先端エリア

三十センチのサイズの男性でも、この部分の面積は一般的な丸いコーヒーカップの口をつける部分、上端の水平になった円形状のその面積に満たないかもしれません。

この小さなエリア（面積）に立位静止（立って止まっている）状態で、少なくとも何十キロという体重（荷重・負荷）が集中します。

中には、百キロを超える体重の方もいるでしょう。もっと足のサイズの小さな成人男性や十代であれば——と考察を重ねる脳内作業は無意義ではありません。

このエリアと女性との関連についての考察を続けます。足のサイズが二十センチ台前半の女性であれば、この周辺の面積は、先ほどのコーヒーカップの円の面積の二分の一に満たないでしょう。

この、あまりにも小さな面積に何十キロかの体重・荷重がかかり、衣服や荷物の重さも加わります。なおかつ、地球上で生活、活動する人類は、重力や重力加速度（地面に押し付けられるような力）を受けていますので、実質の体重以上の荷重を受けています。分散しようとしたり、バランスを支えるには小さな面積しか持たない足指と、その周辺にです。

ハイヒール及びヒール系シューズで、頑張って最大機能の発揮を意図しても、逆にストレス、ダメージは増大することになるでしょう。

また、七、八歳くらいまでの幼児・児童の足指と、その周辺の小さな骨群が未発達であることは、医科学上よく知られた事実です。例えば足指やその付け根部分の関節は、完成骨ではない上に、成人よりも骨間の隙間が広いことも特徴の一つです。踵骨《しょうこつ》の骨自体も発育途中であり、近年、青少年、成人となっても踵骨の未発達の方が増えていることが伝えられます。

踵を浮かさないで腰を深く下ろした座り方ができず、これを試みると後方に転倒する――。

この原因には、食生活に加え、近年の、柔らかくて踵の高い底のシューズ（つまりヒール系で、かつクッション系でもあるシューズ）を、幼少の頃から履き続けていることなどが原因とする議論もあります。

保護者の皆様や、周囲の皆様には十分に気をつけて頂き、発達を妨げないことへの配慮をお願いしたいと思います。彼ら、新生児や乳児、幼児、児童にはこの事実を知るすべもないのですから。

5　身体を壊さないための靴のヒールとクッション性の知識③

人間が動けば巨大な力が発生します。そして身体で生まれた力は、**外向きに発揮したい**のですが、ヒール系のシューズを履いた時のポジショニング、動作では、身体内部に籠《こも》るような状態となって骨組織、筋肉組織を破壊したり、極度のストレスを与えかねません。

身体や、物体をバランス良く安定性をもって支える底面を**支持基底面**と呼びます。ハイヒール着用時の支持基底面は二ヵ所あります。前述した足指と球を合わせた小さな小さな骨の集合体であるエリアと、また、極端に小さな「ヒール」の面積分の二ヵ所が該当部分です。

細いハイヒールであればあるほど、それは顕著で、支持基底面は小さくなり、支えよう、移動しようとする体重（負荷・負担）を、このシューズの前方（先端方向）に更に移動させます。

もちろん体重は変わらないのですが、この体重と前述した様々な外部から加わる力そのものを、この脆弱《ぜいじゃく》で大切な小さなエリアに「破壊的」の表現が決して過言ではないくらいに集中します。

男性用の一般的な革靴は広い踵をもっているので大丈夫と思いがちですが、ここにも大きな落とし穴があります。

試しにこの大きな踵、全てを使って立ってみます。突然つま先側が浮き上がり、そして脛《すね》や膝に急にストレスがかかったことが実感できるでしょう。中には、このストレスと同時に腰の位置が予測もつかないほど後方に移動することで、腰の張りを感じる方もいるかもしれません。これは、ギックリ腰が起こるメカニズムの一つです。

次は、自然に立ってみます。今度はつま先側に荷重が移り、踵が浮くことに気がつきます。つまり踵の広い面積で荷重を支えることができないような構造になっているのです。これを防ごうとすれば、つま先を極端に落とした構造にするしかないのです。そうすると、ハイヒールと同じもののようになり、やはり「小さなエリア」に大変な負荷をかけます。

このようなヒール系のシューズを履いた時、バランスをとろうとして膝が曲がり、腰は前に倒れます（これは、前著『「奇跡」のトレーニング』で述べた、骨盤前傾とは全く別のバランスです）。骨盤と上半身はかなりの重さをもった部分です。このままでは転倒してしまいます。

これを防ごうとして作用するのが、胸郭の周辺部分です。**腰椎（腰骨）は捻《ひね》ることのできない構造となっていますが、胸郭、胸椎および、首、肩の関節は捻ることがで**

きるので、この機能を利用しようとするのが、一つの原因・要因です。

しかし胸郭は、人間が二足歩行になったために身体にとって大きな負担となっている部分です。ただ立っていてもストレスをかけるのですから、このようにバランスをとるように動かせれば、どれほど身体にダメージを与えるかが予想できると思います。

ヒール系シューズを履いている人の胸椎から上が反り返って見えるのは、このためです。ただ、この反り返りを姿勢が良いと勘違いしてきた、怖い歴史が現在にいたっています。

この状態でまた振り出した踵を振り戻すように歩くわけですから、生まれた力を外向きに発揮するどころではありません。

必然的に**脊柱前彎**《せきちゅうぜんわん》（※）が発生し、これが長く続くと、股関節を屈曲する代表的な大腿直筋（前腿の中央部表層を走行し、骨盤と脛骨《けいこつ》［すねの骨］をまたぐ筋肉）の短縮（縮んだままで伸び難くなった状態）を招いて、（ヘルニアなどで知られる）**腰**《よう》

※　背骨の生理的範囲を越えて前側への彎曲が大きい状態のことです。

図2-3　ヒール系シューズを履いた時の姿勢

椎《つい》、椎《つい》間《かん》板《ばん》の損傷を発生させやすくします。

様々な事情で、このようなヒール系のシューズを使用しなければならないこともあるかと思います。もちろん長時間にわたらない方が良いのは言うまでもありません。このような場合は、その後のケア（※）を十分に行う必要があります。少しでもお役に立つケアの方法としては、第四章および、第七章に述べてありますのでご参照下さい。

※　このケアは、動作の中で行う方が有効です。第四章、133ページの《重要なレッスン》および第七章の歩き方のレッスンは、このケアになります。

第三章

「理想の歩き方」の名付け親は「誤解」

ジェシーとボブの弾むような愛の物語

　その次の休日、二人は街の書店で待ち合わせました。もちろんボブは、ジェシーがプレゼントしてくれた靴を履いていています。並んだ本よりも先に、ジェシーはボブの歩き方が気になります。

ジェシー「どうしたの？　その歩き方は？　……足首と膝が内側に倒れてる」
ボブ「足首だけじゃなく、膝も伸びない。柔らかくて踵《かかと》の高い、厚底シューズって、何故こんなに筋肉が張るのかな」
ジェシー「運動量が増した結果じゃない？　筋肉痛を繰り返せば強くなるっていうわ……」
ボブ「君の贈り物と思うと嬉しくて、誕生日の翌日から、このシューズで、家とテレビ局間を歩いて往復してるんだ。でも何だか、日増しに家とテレビ局、そして帰りの所要時間が増えてる感じ……」
ジェシー「そうでしょう！　運動量が増えてるのよ！」
ボブ　「確かに、運動時間が増えた、とは言えるんだけどね。身体中がパンパンに張って、硬くなってるんだ」
ジェシー「誰か、ボブの硬くなった筋肉を一ポンドだけ削ぎ落として！　ただ条件があるわ！　一滴の血も流さないでね！」
ボブ　「『ベニスの商人』で来たね！」
ジェシー「シェイクスピアは学生時代の必修科目だったの。人間の心の奥底に迫る名作が多いわね。そして文中の名セリフも綺羅星《きらほし》の如く輝いている……。私ね、何度か名セリフを、現実の場面で使ってみたいと考えたの。でも、意外にふさわしい場面がないのよね。小説と実際の人生は違うのかな。でも今日、初めて使えたわ！」
ボブ　「シェイクスピアの本業は、筋肉の研究だったのかな？」
ジェシー「かもね？　ひっそりと研究してたりして……。でも、変ね。スポーツ用品店で、ボブの状態を詳しく話して、信頼して購入したのよ。お店の方は、『ハイ、そういう方にピッタリのシューズが、これ！　身体に優しいクッション性！　いつでもどこでもクッション性！　月まで跳べるクッション性！　貴方に履かれたいクッション性！　風邪ぎみの私はハックション!!さ〜て、皆様、ご注目！　私が、自信を持ってお勧めする、このクッションシューズの凄さを、科学的に証明しま〜す！　何ですって、そちらのご婦人？　科学的証明の測定装置も何もないじゃん、ときましたか？な〜に、私にとっては、科学的証明ほど簡単なもの無し！　取りいだしたるこの大鋏《おおばさみ》で、シューズを真っ二つにするだけ！　信用できない？　エーイ、もっとやっちゃえ〜。フー、さすがに百足分のカットは疲れる……。あれれ……、調子に乗り過ぎたこの私、販売用が無くなってきたよ。残ったものはわずかに十足。しかし、何があっても落ち込まないのも、この私！本日、このシューズをご購入の方に限り、今、カットしたてのこのシューズをプレゼント！　しかも、前側半分、後ろ側半分の、どちらが良いかは、貴方のお好み次第！　そして、お値段は、何と……！』
　あんなに自信タップリだったのに……。私と、集まっていたご婦人たちは『プレゼント！』って聞いた瞬間、パブロフの犬状態、条件反射で涎《よだれ》もの、『キャー素敵！　凄いわ』、歓声、悲鳴と共に、パチパチパチっと拍手の嵐が起きて、後ははっきり覚えていない……」
ボブ　「……ジェシー、それで、前側、後ろ側のどちらをもらったの？」
ジェシー「頂いたのは踵側よ。だってシカトできないもの……」
ボブ　「ジェシーって、どうしようもないね。僕がついてなきゃ駄目かな……。
　このシューズの、正直な感想を伝えて良いね？　立ってるだけで、指の付け根の手前側から、指先にかけての部分が、強く緊張してきて痛い。そして、踵も痛くて、怠《だる》くなる。『真綿で首を絞められるような』というか、柔らかいチューブや、弾力性のあるゴムで、身体のどこかを巻いて締めると、弾力性の無いものより、徐々に締めつけが強くなってきて、内部までその圧力が到達するような感じ……。

そして、もう一つ特徴的なのは、同じく立ってるだけなのに、足元がフワフワして、身体がランダムに揺れる……。船酔いとか、何かに酔ってる感じにも似てて、それに堪えようとして、身体のあちこちが緊張してる……」

ジェシー「ボブ、私に酔ってる！　って言ってね♡」

ボブ「そうするね♡　ジェシー、僕たちは、地面に力を伝え、与えて、その反作用の力、力の作用方向などを利用して人間は動く、と勉強したけど、与えた力をこの靴のクッション性が吸収してる感覚。取材した、五輪代表マラソン選手の言葉も印象的だよ。

『衝撃が無くなるはずなのに、足の指、足首、踵の強いストレス、外反拇趾《がいはんぼし》などに苦しむ選手は多いです。そして、底が柔らかいので着地の不安定性から、急な減速などを体験します。着地場所を探しながら走る苦しさ……』って。僕も着地場所が分からない……」

ジェシー「ワッ、いつからボブはガニ股になったの？」

ボブ「ベッドの上では、膝や背骨を、真っ直ぐに伸ばして立てない、あの状態に似てる！　君も経験ない？　ベッドを歩くと、脚や腰が疲れるって」

ジェシー「そうね、ＣＤから流れる曲に合わせて、ベッドの上で、〝ハイ、ワン、ツー、ワン、ツー〟って踊った時はヘロヘロ！　ママには二階で飛び跳ねたりしないで！　それにしてもキシむような音ねって叱られるし……何日もキシんでたのは、私の関節と筋肉なのにね、キャハ！　それにしても、ウォーキングの本ってたくさんあるのね！」

ボブ「腰を伸ばして胸を張り、脚と腕を大きく振り出そう……」

ジェシー「似た内容ばかりね。せっかく美しくて、身体に良いウォーキングの方法をマスターしようと意気込んでたのに、『モデルのように歩きましょう！』にもガッカリだわ……。

私の知人が、何人もファッションモデルをやってるんだけれど、外反拇趾、膝、腰、肩、首までが痛くて、時々めまいがするって言ってる人もいるのよ……。

陸上競技の競歩の歩き方とか、日本の、古くからの武術の動きが、理想とも書いてある。赤ちゃんの歩き方が理想と、書いてる本もあるわ。ヨチヨチ歩きはかわいくてたまらないけれど、本当にそうなのかしら？『脚を大きく振り出すと、ハムストリングス（腿裏《ももうら》の筋肉群）が鍛えられます。しかし、振り出し過ぎると故障します。気をつけましょう！』

何か妙な気分。何が言いたいのかしら？　次は……『大きな腰回し歩行で、横腹の脂肪を退治しよう！』部分動作では、脂肪は落ち難いのに。

続きのページのタイトルは……。『内腿《うちもも》の引き締め効果抜群の脚交差歩行の推奨！』全てを同時にやると、転ぶんじゃないかしら？」

ボブ　「本の通りに、脚交差して、背筋を伸ばそうとするだけで腰のストレスが強い。更に胸を張ると……腰と首に激痛！　痛い」

そして、転ぶボブ。

ジェシー「大丈夫、ボブ！」

ボブ　「心配させてゴメン、平気。わっ、それよりもジェシー、これを見て！　ほとんどの本が、『健康のためにも、一日一万歩は歩きましょう！』って勧めてる。歩き方や靴のことを考えないで歩くなんて懲り懲りだ。ウォーキングテキストの執筆者の皆さん、僕の体験を書いて下さ〜い！」

ジェシー「そうよね、私たちの国では『pie in the sky』、日本では『絵に描いた餅』、この諺《ことわざ》が浮かぶわ……」

ボブ　「病院での僕の症状の診断は、故障ではなく強い疲労……。本を開いて悩みが増した。まるで『歩きの奴隷』！　僕は『愛の奴隷』の方がいいよ！」

ジェシー「ナイスね、ボブ！　それにしても、歩き方のことは少しで、ストレッチの記述ばかりの本が多いわね。歩く方法のテーマって、実際少ないのかな？　歩く前に、終わった後にもストレッチか……。

あら、この本、歩いてる写真とストレッチ写真だけ！　《風を切って歩こう、瞑想に耽《ふけ》りながら》だって。心配だわ、街路樹とか車や、建物に衝突しないでね。あれ、後半はクッキングページよ……何か変！」

ボブ　「ウォーキング本全体の、半分以上をストレッチが占める意味は?」

ジェシー「ボブの悩み、よく分かる。勤務先で、次のデスクや、別の場所への移動前にストレッチ、到着後にストレッチ、とやってると、『ジェシー、準備運動が終わって仕事かと思えば、また準備運動? 仕事はいつやってくれるの?』って上司に叱られちゃうわ。何歩歩いたらストレッチ、こんな目安なんてあるのかしら?」

ボブ　「それは距離、歩数なのかな? 今のジェシーの言葉は、核心を衝いてる気がする! 何か矛盾を感じるね!」

ジェシー「合理的歩行動作の存在は言葉だけで、十分な解明は無いってことなのかもしれないわね。靴への疑問もあるしね……」

1　クッション系シューズの検証

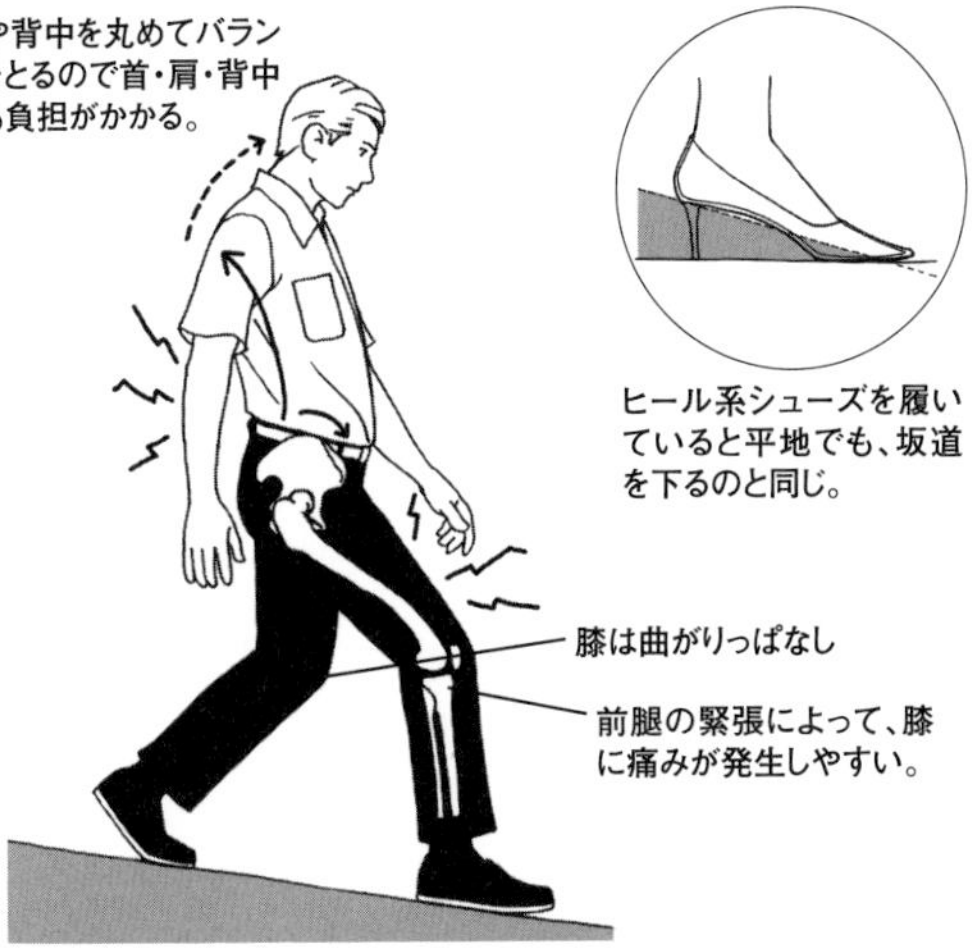
首や背中を丸めてバランスをとるので首・肩・背中にも負担がかかる。
ヒール系シューズを履いていると平地でも、坂道を下るのと同じ。
膝は曲がりっぱなし
前腿の緊張によって、膝に痛みが発生しやすい。

図3-1　ヒール系シューズと身体のダメージ

ハイヒールに代表されるヒール系のシューズを着用した時のバランスは、「下り坂」を歩くバランスと同じです。（図3－1）

前述のように、足の指とその周辺の小さな領域に体重がかかり、膝が曲がり、腰が前に倒れ、胸椎から上が反り返って後方に位置移動するというバランスです。そして「転倒を避ける」ために突っ張るように「脚を出す」「踵を戻す」動作となり、筋肉と関節に大きなダメージを与えます。

ヒール系ランニングシューズを履いたランナーが、平地を走りながらも、「ぬかるんだ、不安定な土の下り坂を走っているような感覚、筋肉や関節へのダメージがことに大きい」と表現することがあります。箱根駅伝の中継などでも「下り坂は膝の負担が大きい」とコメントされます。

そして本書で、クッション系シューズとしてまとめて表現している、不必要に柔らかい靴底のシューズ（反発を吸収する）や、クッションの効きすぎた（反発性の高い）シューズを履いても、同様に膝から下部に大変な緊張を与えます。

膝より下位には身体の根幹部と比較して大きな外的パワー（外に向かって発揮する力）を出す部位はないので、膝の第一義的な役割は、膝から上の部位で出した力をうまく地面に伝えていく「トランス」や、身体全体の「バランサー」の役割です。

このような機能が中心となるので、強い緊張に耐えられる部位ではありません。

膝から下の部位の出力のように感じられるのは、適切、丁寧に地面に伝えた力で得た「反力」「反作用の力」とその「利用」を感じているのです。これらの力を活用しながら重心が移動する瞬間に、足関節（足首の関節）がタイミング良く使われると、

「うまくキックした」、「キック力が強い」と表現されるのです。

膝の関節や足関節で蹴っているわけではなく、軸足で地面を押さえることが適切に長く行えるとこの力が生まれますし、うまく移動している方には、ふくらはぎの張りなどの感覚が少ないのはこのためです。ここで、歩くことの定義を行います。

【定義Ⅵ】

「左右どちらかの脚を軸足として使い、その脚で地面を押すという動作が、歩行」

この認識が乏しかったので、クッション系シューズのような、地面を押さえること（反作用の力の利用）に不向きなシューズが様々に作られてきたとも言われます。

上下・前後・左右斜め方向への重心位置が変化することの無い状態で、足首を使っても、周辺の関節や、筋肉、アキレス腱などに代表される腱の活動で生まれた力（Force）は、本来、身体の外向きに発揮したいスピードを伴った力（Power）の遣り場を失い、その力は身体の内側に籠《こも》るような状態となります。

ふくらはぎの痙攣《けいれん》や肉離れ、アキレス腱炎発症のメカニズムの一つです。

ところで、前に傾いた骨盤、骨盤より後方に位置してしまう胸郭の周辺（正確には肩甲帯）、この中間にある、背骨や背筋群はどうなってしまうのでしょう？　更にいえば、その上位には頸椎と呼ばれる首の骨と、頭部が位置しています。

機能解剖学、バイオメカニクス（生体力学）の領域での試算では、一般に頭部と頸部の全体重に占める割合は、約八パーセントと言われます。体重七十キロの方ならば、五・六キロ。同じく体重五十キロの方ならば四キロを占めます。かなりの重さを持っていることが分かります。

首の筋肉の強い短縮、そして強い緊張が、肩凝り、偏頭痛だけでなく、すぐ近位にある脳に直接影響を与えたり、自律神経などにストレス、ダメージを与えることが知られているので要注意です。

2　シューズによって起こる後天的な偏平足

ヒール系シューズ、クッション系シューズの着用は、大切とされる「踵で着地して、シューズの外側を使って体重移動をし、最後に拇趾球と第一指で地面を押す」という動作を極めて困難にします。そして、**足底の「アーチ」として知られる土踏まず部分（「足底部を形成する弓状のくぼみ」とも表現しますが）にダメージを与えます。**このアーチが崩れるという重大な危機に陥りやすくなるのです。

「アーチが崩れる」ことによる代表症例は、後天的に起こる偏平足です。このような状態で偏平足（※）が発生する迄には、足指の曲げ伸ばしの機能が不全となり、足底とふくらはぎや、その深層に位置するヒラメ筋に、かなり激しい疼痛《とうつう》が現れることが特徴です。

ハイヒール使用が頻繁であったり、日常的であれば、更にアキレス腱まで短縮させ、歩幅が狭くなってきます。

※　機能的、形態的にも、「範囲」から外れているにも拘わらず「偏平足」と思い込んだり、思い込ませるケースも少なくありません。

このようになると支持脚（地面を押さえている軸脚）の機能や上半身の機能が十分に働かず、「ゆったりとした、しなやかな歩行」動作となりません。

ゆとりが無く、一歩当たりの適正な移動距離を確保できないので、足を地面に強く落とし、叩くような歩行動作となります。この動作を連続すると負担が漸増（※）し、負の循環とも呼べる歓迎したくない状態を作ります。

最終的には平らなシューズを使用することさえ困難となり、また、ハムストリングス（腿裏の筋肉群で、主に股関節を伸展させる）も腓腹筋《ひふくきん》（ふくらはぎ）も短縮されます。

股関節を屈曲させる大腿直筋も短縮しているので、腰部や股関節に大きなダメージを与えます。そして何気ない動作や、軽量物を持つだけでも、強い痛みを伴うことが、臨床上、よく見かけられます。

ヒール系、クッション系シューズの検証のいくつかをお伝えしました。これらは、「足」「脚」とシューズの関係だけでなく、歩く動作に先行する「立つ」という重要な動作の考察でもあります。

※　だんだんに増すこと。

ところが、「踵を痛めたランナー」の多くが「ハイヒール系クッションシューズを履いている」事実があります。その理由を尋ねると「踵が痛いので」。踵が痛くなる前のシューズは？「今よりも踵の低いシューズです。痛くなってから厚くしました」。結果は？「良くなりません」。「膝と腰の痛みが増して、指先だけで歩いています」。このような例と、実に数多く出会ってきました。これらの選手の持つ、足指の曲がりとの比例関係も印象的です。本人の意識とは無関係に、立つことのバランス、重心移動にロスが生じているのでしょう。この種のシューズの踵の高さがクッションになるのではないことを示しています。

3　現代人の歩き方が悪くなった？

多くの方が、現代人の歩き方は悪くなったと指摘されます。その通りかもしれません。私も「歩行の乱れ」「歩行の崩壊」と表現することもあります。しかし、このように、現代人の歩き方だけが悪くなった、ということの感覚そのものが曲者なのです。

歩き方が大切と言われながらも、人間にとって、またその人にとって、どのような歩き方が良いのかが、十分に検証されていません。その上に、シューズが及ぼしていると思われる負の影響もこれまでに見てきました。

脚は上げるのではなく、身体重心の移動が先行し、それに追従するかのように、必要最低限に上がるのが神経筋制御、運動制御にとって自然な動作です。いまだによく指導される、脚を上げる動作を行うことによる腰や首へのストレスは大変なものです。この脚の動作に「腕を振る」、とりわけ「腕を体側でしっかり振る」動作を加えると、更に首、肩のストレスは増大します。

つま先を開いた着地を行う歩行動作では、骨盤の仙腸関節《せんちょうかんせつ》、恥骨結合《ちこつけつごう》などに代表される関節や股関節が合理的に働きません。本来、捻《ひね》ることのできない機能構造の腰椎が、無理やり捻るような圧力を受け、骨、椎間板などへストレスをかけます。

スポーツは好きなのだけれど、故障をするので嫌、だからゲームで遊んでいる。――これもたくさん聞いた子供たちの声。正しい「立ち方」、「歩き方」、「走り方」を伝えて頂ける日が早期に訪れることを願って止みません。

4　モデル・ウォーキングは理想？

ここからは、様々な「理想」と呼ばれる歩き方について検証していきたいと思います。前著でも述べましたが、華やかなモデル、バレリーナには「美しき職業病」と呼ばれるくらいに、腰、膝、足首、外反拇趾、肩、首、背中のストレスや故障で苦しむ人が少なくありません。私にはこの「美しき職業病」を持った友人がたくさんいます。

モデル・ウォーキングの一つの特徴とされる、ハイヒール、脚交差、一直線上の歩行（図3-2）は、骨盤全体や骨盤の中の仙腸関節、股関節をかなり締めつけ、筋肉の緊張の解放と、動作中の関節ストレスの解放時間が少なく、これに同調して「背骨や肩を使うこと」が難しくなり、ギャップが生じやすくなります。

また、ハイヒールや踵の高いシューズを着用していますと、重心や骨盤が足底の上に乗る時に伸びてほしい膝関節が伸び難いので、膝や足首そして、腰を含めた上半身のストレスは増大します。
更に、一直線上を歩こうとするだけでも足底はスリップ動作を起こし、足首が内に折れ曲がります。これによって第一足指（親指）の内側が常に床や地面に当たって圧を受けることが、外反拇趾を多く作る原因の一つです。

シューズの先端が細ければ外反拇趾になりやすいことはよく知られていますが、広くとも外反拇趾は発生します。要は、着地と「圧」、「圧」のかかり方、抜け方が問題なのです。

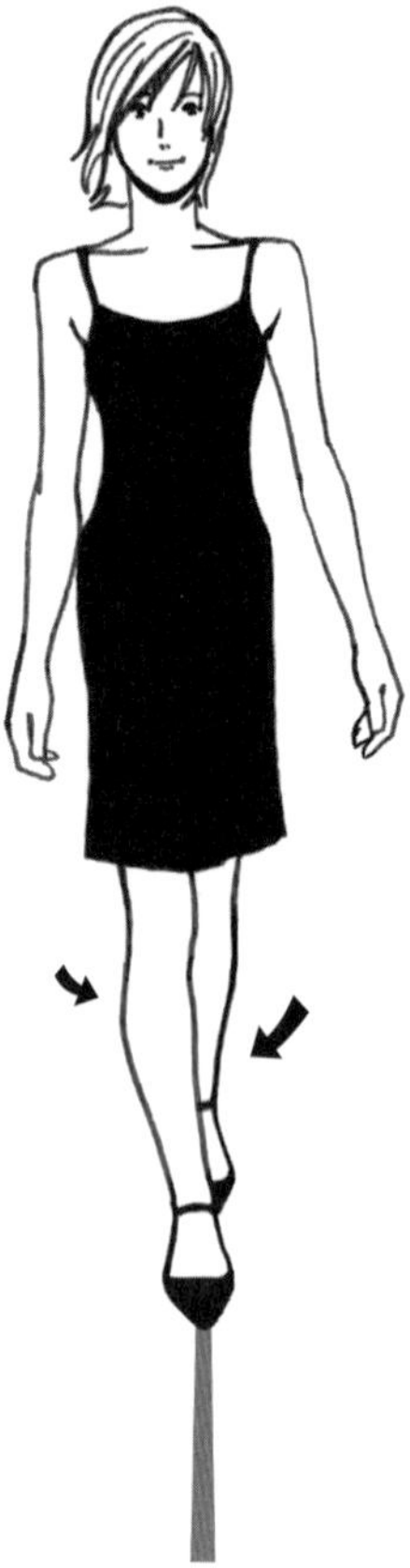

図3-2　モデル・ウォーキング

5　競歩の歩き方、古武術系の歩き方が理想？

「競歩」のオリンピックの競技担当者として、私はこの競技にも二十年以上携わらせていただいています。私もけっこうなスピードで連続五十キロメートル位歩くこともあります。競歩は英語で「Race walking」と表現されるように、一般的、日常的なwalking（歩き方）や、他のスポーツ競技選手の歩き方と異なる要素がたくさんあります。競い合いですので、様々なルールも持ち込まれています。

走ることとルールが異なるので、「走ることよりも苦しい」と表現する方もいます。

Race walkingは過酷で、その大変さを知る一人である私が（私以外の関係者も）、この「競歩からの引用」などを用いたウォーキングのテキスト・ブックに目を通すと、辛くなることがあります。

ルールの制約もないのに、わざわざ競歩のような歩き方を日常でする必要はありません。ダメージを作ることにもなります。

マラソンも競歩も、もちろん筋肉の強化は重要です。ただ、彼らや私たちにとって大切に鍛えなければならないことの第一義は心肺機能です。筋肉が先に張るようでは、心肺機能が高まりません。

良い動作で長めの距離のペース走を行った時、「心肺機能をよく使った、この感じを求めていました。でも、筋肉はどこも張っていない」。これが求めているテーマですし、「筋肉を鍛えることは神経を鍛えること」という概念が、クローズアップされるべきと考えます。

「速歩」というセクションがありますが、決して無理されることなく、この表現に近づけると理想的です。

また、武術系の奥儀の一つを端的に表す、太刀の術を表した古文書に「(両脚の足跡が)平行に歩けない人間に刀は扱えない」という意味の記述が残されていますが、実際、平行に歩けず、外股などで歩けば、左手に持った刀を瞬間的に鞘《さや》から抜こうとしても、刀と、これを抜こうとする右手とは遠くに位置するため、この瞬間動作の実行は困難です。また、平行に歩行できなければ先に抜刀して、たとえば、野球の打撃姿勢にも似た「八双のかまえ」のように振り上がった刀のタイミングと「軌道」を得た振り下ろしはできません。

6　赤ちゃんの歩き方は理想？

赤ちゃんの歩き方が理想と提唱する人も確かにいます。本当に理想かどうかは赤ちゃんの歩き方を真似てみるとよいでしょう。身体各部位のバランスの中で、頭部の割合が成人よりも大きくて、まだ弱くて伸びない脚で上体を支えようとしますので、足指が早く着地する（落ちる）ヨチヨチ歩きが生まれます。このヨチヨチ歩きの間にも先々の問題の要素が生まれている可能性もあります。

実際にこの歩き方を、大人が真似ると大変です。強いて理想と言えば、赤ちゃんは「一直線上の歩き」も「脚を交差させる歩き」も一般的には行わないという点でしょう。

少し物心がつくようになり、膝や背中がある程度伸ばせるようになった時、合理的で神経筋制御、運動制御を高めるような歩行動作の基本が伝わるような歩行指導が、システムとしてできることを願っています。

実際、合理的で神経筋制御、運動制御を高めるような歩き方を、学校で教授したことはこれまでにありません。このようなことができれば、子供たちの将来の故障、疾病の予防になるのではないかという仲間の医師や研究者もいますし、私もそう思います。

足指から着地しないということだけでも早期に覚えられると良いのですが。

幼児・児童の段階では、足底・足甲を含めたシューズを着用する部分の「足」が十分に発達していません。まして**履くと余計にヨチヨチ歩きを促すようなシューズの着用は様々なストレスを与えます。**足を保護し、足指から着地するヨチヨチ歩きからの成長を促すには、可能であれば、〝**足底全体を使える**〟**シューズを着用させてあげることです。**

7　幼児・児童のシューズとアーチ（土踏まず）

これは、ご質問のかなりあるテーマですので、もう少しページを割かせていただきます。

・転倒しやすい
・躓《つまず》く
・立ち上がりたがらない
・積極的に歩かない
・靴を履くことを嫌がる

などの状況が顕著に見受けられる場合は、シューズが幼児・児童に適していないことも考えられます。これは高齢者の方々にもスポーツ選手にも同じことが言えます。

前述しましたが最近、顕著と言われる、若い世代の踵の発達不全などにも気を配っていただきたいものです。

赤ちゃん・幼児のヨチヨチ歩きは、身体各部位のバランスの問題に加えて、赤ちゃん・幼児・児童の足指、踵骨《しょうこつ》（踵）や、アーチ（土踏まず）が、大人のように発達していないことも理由の一つです。更に言えば足指も曲がっています。一般的には、七、八歳で大人のようになると言われていますが、個人差があります。

赤ちゃん・幼児を「野生の動物の赤ちゃん、幼児」に一度見立ててみて下さい。とても脆弱な生命、愛しい生命に映らないでしょうか？

動物に襲われると弱い――ですから、赤ちゃんや幼児は時々、大人が驚くような行動や行為をする。そして生命力・生きていく力を磨いていく――という考えがあります。この項の冒頭にあげた例もそうかもしれませんね。

ですから、大人が驚くような行動や行為の全てを赤ちゃんや幼児が「苛立っている」と見ては、彼らの真意は伝わってこないと言えます。赤ちゃんや幼児は彼ら自身さえ気付かないままに「生きる本能を磨いたり、何かに行動・行為を投射、投影して、その反応や自分自身の反応で生きる力を習得している」ことも多くあります。その意味で歩き方やシューズも彼らが育つ大切な動作と道具です。

赤ちゃんや幼児の踵骨やアーチは未発達で指も曲がっていると述べました。この未発達部分はストレスを与えず**育ててあげること**が大切です。先端の尖《とが》ったシューズも、先が大きくて広過ぎるシューズも、シューズの中で足指をもっと曲げて、なおかつ、かなりの摩擦を起こしています。

赤ちゃんの足は柔らかな脂肪で包まれています。大きめのシューズの中では剪断応力（※）という力が働き、未発達のアーチや踵、足指には将来に関わるストレスを与えます。この不必要な広さも外反拇趾などの原因です。

シューズの踵も底も特に柔らかいもの、クッションが効いているものである必要はありません。端的に表現すれば、赤ちゃんや幼児には、特に過剰な柔らかさは「障害物」です。大人にとっても。

この踵の柔らかさも先ほどの剪断応力のもとで赤ちゃんのバランスや骨の発達に影響を与えます。また指が曲がっていてアーチのできていない赤ちゃんや幼児の踵を高くすることも不必要です。

普段見えない赤ちゃんの足甲部のアーチも大人のアーチも、実は筋肉より強い靭帯

※　平行や垂直に働く力による身体摩擦をイメージしてくださると良いと思います。床ずれ（褥瘡《じょくそう》）が代表的です。

でできています。前後、左右、上下の動作中のバランスを取る時、靭帯は揺れたり適度に伸びたりしながら足甲部、足底部を守ろうとしているのです。骨が十分に発達していない中で、懸命に骨や靭帯を発育させようとしている赤ちゃんや幼児の姿をイメージすると愛おしくなります。

足底と脳との関係は前述しました。神経系のことは本書では述べきれませんが、ほど良い硬さを持ち、進行方向を誘導してくれるシューズがバランスを促進し、床や地面の反力の中で骨も靭帯も発達しますし、脳との刺激反応も適正なものとなります。またこの足底には「圧（感覚）受容器」という大切なセンサーがあります。柔らかくて、踵の高いシューズを赤ちゃんや幼児が使用すると、彼らの足底や全身のバランスは「全く異なったもの」となることを忘れたくないものです。これらが招く、前後左右の振れは、赤ちゃんにとっても快適なものではありません。

これと同じ理由から、柔らかい脂肪で包まれたアーチを「矯正用中敷」で圧迫することも見直さなければなりませんね。次章以降で述べるように、アーチを保護する他の手段も見つかりましたので……。

図3-3

こんなシューズを子供に履かせていませんか？

※これらは、もちろん大人にもよくない特徴です。

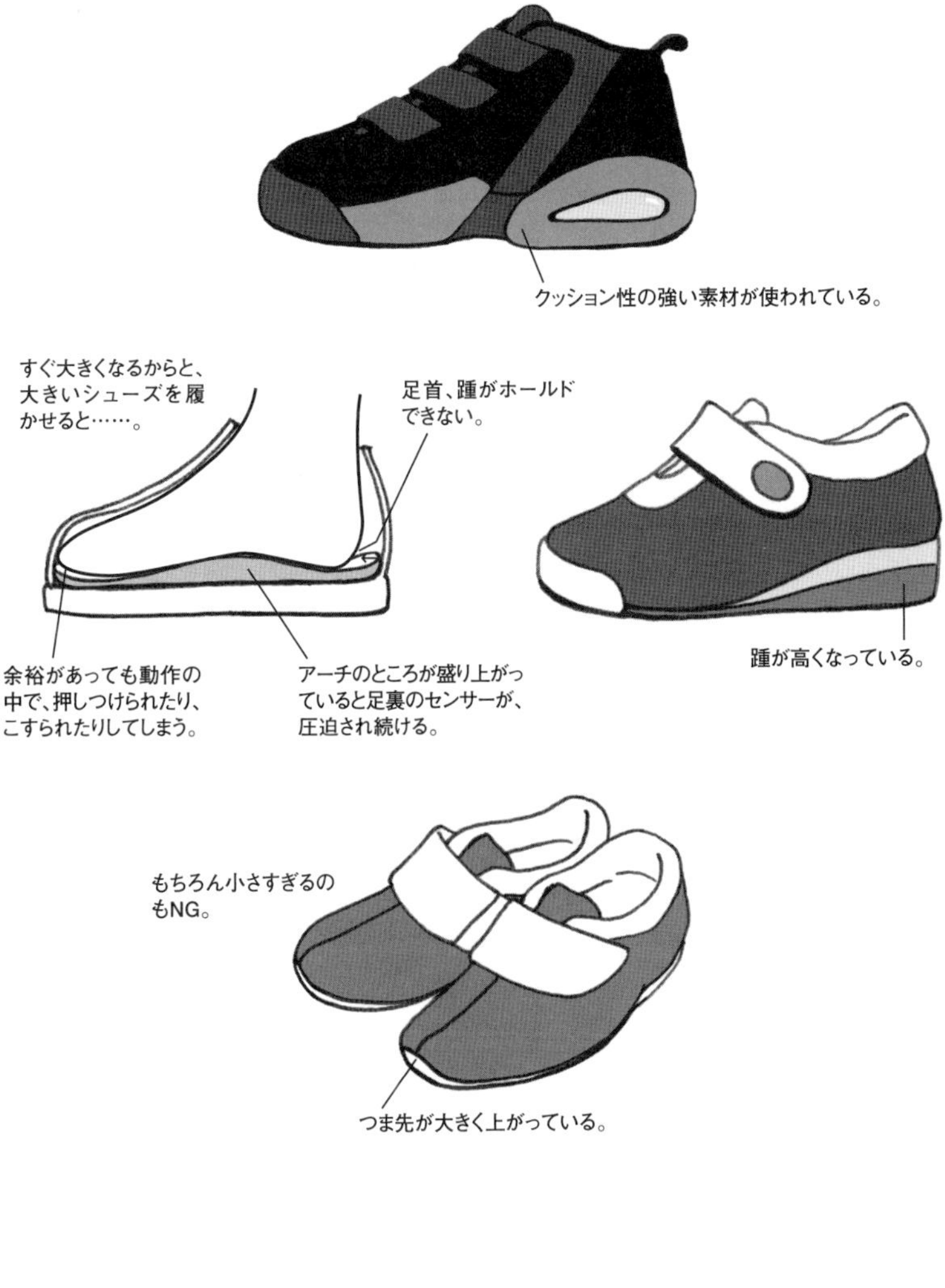
クッション性の強い素材が使われている。
すぐ大きくなるからと、大きいシューズを履かせると……。
足首、踵がホールドできない。
余裕があっても動作の中で、押しつけられたり、こすられたりしてしまう。
アーチのところが盛り上がっていると足裏のセンサーが、圧迫され続ける。
踵が高くなっている。
もちろん小さすぎるのもNG。
つま先が大きく上がっている。

第四章

「脳力」を高める歩き方、低める歩き方

ジェシーとボブの寄り添う愛の物語

ジェシーとボブは、書店に溢れる「ウォーキング・テキスト」の内容に落胆しながら、「シューズ選び」のページを読んでいます。

ジェシー「踵を痛めないように、踵やシューズの底が柔らかめ・厚めでクッション性の高いシューズを選びましょう、だって……」

ボブ「クッション性には懲りた。革靴、踵高《かかとだか》、底が柔らかくて厚いものはストレスが……薄いものは衝撃が強い。何を選べば良いのかな？　《靴は足枷《あしかせ》、手枷《てかせ》》」

ジェシー「《足枷》は分かるけれど、《手枷》って？」

ボブ「足の動きを制限されると、肩、首も張って、腕も動き難くなる、こんな体験はあるよね。手もそうだよね……」

ジェシー「そうか！　なるほどね。ボブにプレゼントしたシューズをちょっと借りて
いいかな？」
ボブ「もちろん、どうぞ。しばらくシューズ無しでいたい気持ちもあるんだ！」
ジェシーはボブのシューズを履きます。そして、しばらくして、
ジェシー「足を通した瞬間は、確かに底の柔らかさが、気持ち良い感じがあった……
でもこの柔らかさが、徐々に足裏と指を圧迫してきて、好きじゃない感じに
変わり、膝を少しずつ曲げてる自分に気付くの……。
そして、前腿《まえもも》やふくらはぎが張ってきて、ボブが話した、首、肩、腰も
張ってきて、腕も重くなった。体験の共有ね！」
ボブ「そうだね……。僕や君も含めて、多くの方々にとって体験的にも、歴史的
にも靴を履けば、ストレスを感じるのは当然、裸足じゃないのだから。関節
が曲がったり、どこかが張るのは当たり前——こんな感覚が身に染み付いて

いる。その中で、『あのシューズよりも、こちらのシューズの方が、ストレスや張りが強い、少ない』などと比較してきたに過ぎないいんじゃないかな？」

ジェシー「『裸足で立ったり、運動したり生活していても、ストレスはかかるので《少なくとも裸足よりも良いものがシューズ》、《履くと楽になる、履いている方が楽であるというものがシューズ》と呼べるものである』

これも、日本留学中に聞いたコメントで、その主は、コ・コ・コ……《犬》の名前によく似た方……」

ボブ「それも凄い感覚だね。ジェシー、麻痺疾患で、立つことや、歩くことに苦しむ方々も多いよね、この方々がまず仰《おっしゃ》るのは、『靴』のこと。履く手間暇のことだけじゃないんだ。『履くと、足や足首、指が更に固まり、バランスがとれず、痛いので、緊張してしまいます』、『余計に外出することや、室内で動くことも億劫《おっくう》になります……』

インタビュアーの僕は、胸に込み上げてくるものと、悶々とした想いが重なり、何もできない自分の無力さに苛立ちを覚える……」

ジェシーは、涙を浮かべて歯を食い縛る、ボブの手をそっと握り、

ジェシー「ボブ……、悔しいわよね。でも、ボブの取材した番組で、この悲しさ、悔しさが社会に伝わると思うの。それが、ボブのお仕事よ……」

ボブ「ありがとう、ジェシー。麻痺疾患の方々が着用すると、足や脚のバランスがとれて足首も安定して歩き方を助けてくれるようなシューズや、装具が早く外せるようになる、こんなシューズができないかな……」

ジェシー「そうよね……。ボブ……、待って、『つま先を引っ掛けて転ばないように、つま先がきれいに上がったシューズを選びましょう、このスタイルは昔からずっと主流です』って書いてあるわ！」

ボブ「クッション性が高く、踵高でつま先が上がってる、このシューズの上に乗る人間のバランスは、一体どうなるんだろう……。これは麻痺疾患の方々が、最も躓《つまず》きやすいと話されたシューズの形だよ！

ジェシー、人類の百メートル走も、九秒台半ばに近づこうとしているよね。その中で、『記録の出る硬い走路、記録の出ない柔らかな走路』って言われるけど、それは硬い走路では、身体の持っているバネが活性化され、柔らかい走路では、身体のバネが吸収されるってことだね、考えさせられるよ……」

ジェシー「適度な、という意味が勘違いされるのかな？　今のボブに似てるわね。学生時代、あんなに凄かったバネが活性化されない苦しさを感じてるのね。ボブの番組とボブの身体、一体どうなるんでしょうね……」

この時、高校生と中学生を連れたご婦人が、二人に近づいて来ました。

ご婦人「私の子供の、オスグッド病（※）と外反拇趾《がいはんぼし》が酷くて悩んでいますの……。

貴方がお履きのものと同じシューズと、これの幅広タイプを勧められまし

※　オスグッド・シュラッテル（Osgood Schlatter）病は、前腿が硬直するなどの原因で、膝下の表側が一種の剝離骨折を起こす疾患。10代前半の少年にしばしば見られます。オスグッド・シュラッター病とも呼ばれる。

たが効果が無くて深刻さは増すばかり……。この靴で柔らかな芝の上を歩こう、とも勧められますが、何故か嫌がるんです。

精神的なもの、とも言われ、塞ぎ込むことも多くて……何か良い本はございまして？」

ジェシーとボブが二人の少年の足元に目をやると、彼らのシューズは、確かにボブが使用しているものと同じものでした。膝が伸びてないから、痛いだろうね……。ボブは心の中で話します……。実際のサイズより縦幅・横幅とも大きなシューズだと、中で足も指も遊んで、シューズの内側に擦れたり当たったり。この不安定さと闘うために、膝と指は更に緊張する……これは僕の体験と推測。そしてこれが僕の《限界》。

ボブ　「ごめんなさい。私たち全ての方の悩みが解決できる日の到来を祈ります」

ジェシーとボブは書店を出ました。

1　脚が出て着地する場所に乗り込む、理想の歩き方と足圧

高い踵のシューズが誕生したり、クッション性が利き過ぎたシューズ、不必要な柔らかさを持ったシューズが生まれるのは、**脚が出て着地する場所に乗り込むことを理想とする概念の欠如**や、その動作表現が難しかったことによると考えられます。

理想とする動作は、誤解されてきた「脚を振り出し、振り出した足の踵を振り戻すことが歩くこと」というストレスの多い動作の対極に位置します。

歩く時にかかる荷重の中心を**足圧中心**（C.O.P.：center of pressure）といいます。ここでは「歩く」という動作の中で、この足圧中心がどのように動くかについて考察を進めていきます。

足圧の移動は「**踵から外側縁**（**小指・薬指側**）**に移動し、そして最後に拇《ぼ》趾《し》球《きゅう》から第一指**（**親指**）**へと移動して、地面から離れることが理想**」とされますし、私もそのように考えています。

「脚が出て着地する場所に乗り込むこと」ができれば、自然であり、走ることにも通じる合理的な足圧中心の移動、つまり理想の歩き方ができます。

一番最後に、拇趾球と第一指（親指）で支え、足圧の中心がここに集まると「第一指（親指）が伸びる」、いわゆる、バネが利いて、小さな力や力感で、身体を長く強く押しだしてくれる可能性が高まります。

この足圧中心の位相（位置や、筋肉の働く場所が移動すること）に関して多い誤解に、**踵着地**の概念があります。

これを考える時、機能解剖学、神経筋制御の見地からも、**接地**（踵の一部が軽く触れる最初の瞬間のこと。Initial Contactと呼ぶ、英語表記の方がニュアンスを良く伝えています）と、荷重を受けても耐えられる**踵の位置**を正確に認識することが大切です。

「踵」「踵骨《しょうこつ》」と呼ばれる部分の範囲が広いことが、「踵着地」という概念を曖昧なものにしている原因の一つと私は考えています。「踵着地」あるいは「踵で正確に着地」と表現される概念の実体は、踵骨のアキレス腱寄りの部分、つまり踵の最も後方

図4-1　踵骨とアキレス腱

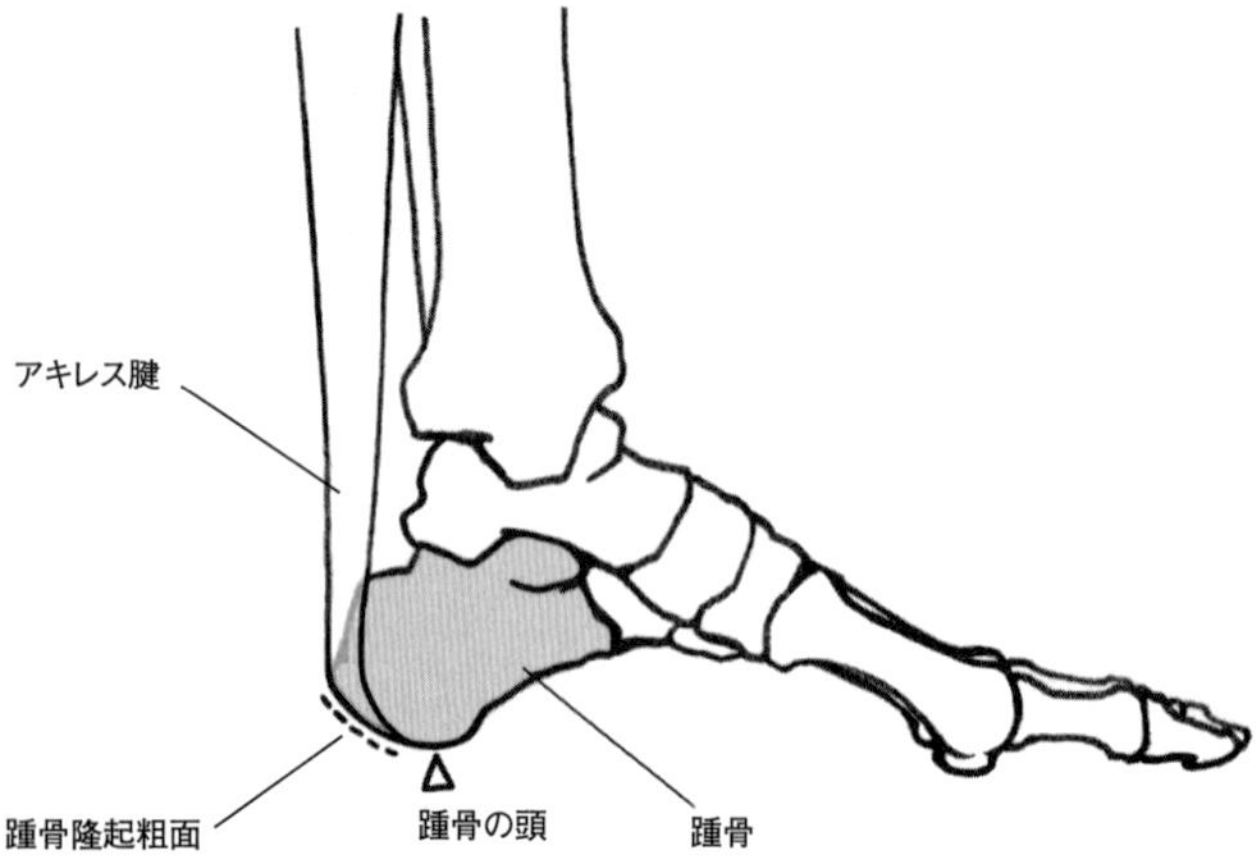

図4-2　誤解の多い踵着地

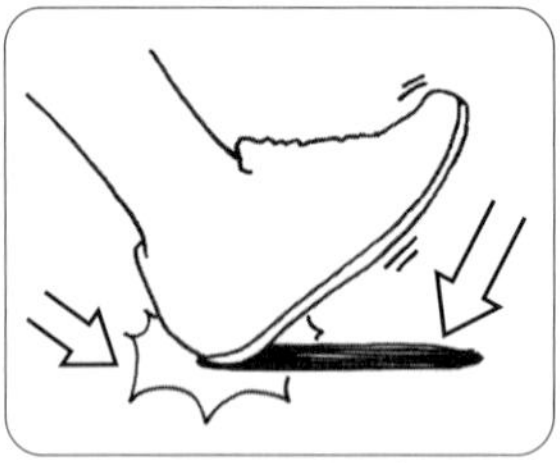

脚を振り戻したり、突っぱるようにして、踵を当てつける着地はダメージが大きい

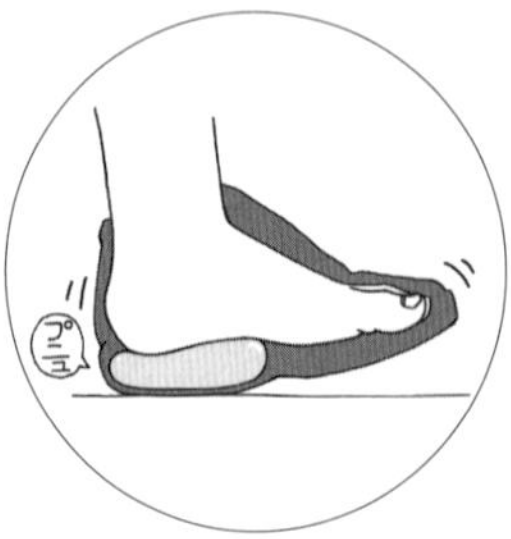

ヒール系、クッション系シューズでは本来の機能がうまく使えない。

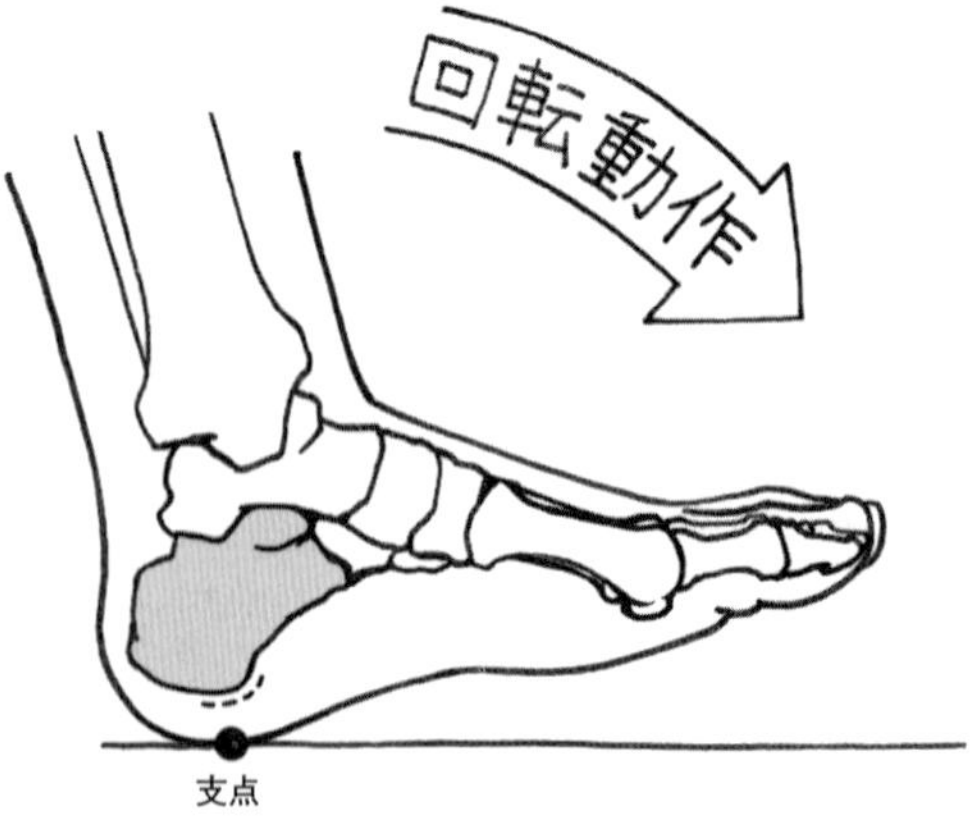

このあたりで接地すれば軽く触れるだけで回転動作を伴い合理的で理想的な重心移動を可能にする。

部分が、軽く地面や床に触れて、瞬間、支点《ささえてん》を作る動作や、その様相を示すに過ぎません。なぜなら、一般的には支持脚はまだ地面を押さえ、力を発揮しているからです。検証例からも明らかです。

脚が前に出る時、脚は加速していきますが、着地の時は減速するのが自然な動作です（※）。にもかかわらず減速している脚の「踵を突き出したり、振り戻して地面にぶつける」形態の走る、歩く動作が多く見られます。

この、踵の末端を地面や、床に強く当てて歩くことを繰り返せば、この部分や、アキレス腱の下部が付着している部位（踵骨隆《しょうこつりゅう》起《き》粗面《そめん》と呼びます）の受けるダメージは計り知れません。このアキレス腱付着部も、一般的に「踵」と呼ばれる範囲の中にあることが、多くの誤解を招く原因の一つと考えられます。

イラスト（図4－1）の健全な踵骨の位置と形状をご確認下さい。強い圧にも耐えられる踵とは、「踵骨の頭」と呼ばれる部分と、くるぶしの踵寄りから垂線を下ろした付近の部分です。

踵骨の末端のカーブは、強く地面や床に当てなくとも支えるだけで回転動作を伴

※　前著『「奇跡」のトレーニング』での「丁寧に地面を押さえると地球から力がもらえる」とはこのことを指しています。これができると次の加速動作に利用できるのです。

い、本来の機能である、合理的な重心移動を可能にします。更には、踵の上位、つまり脛《すね》、腿《もも》、骨盤、骨盤から頭部を含む上位部分を、足底部の上に「乗り込ませる」という理想的動作を可能にしています。この踵骨のカーブ形状に大切な要素があります。これで「フラット着地」が実現されます。しかし、ヒール系、クッション系シューズを履くために、これが移動動作、歩行動作にうまく使えていないことが多いのが実状です。

2 足首の倒れ・変形との深い関わり

また、見落とされがちなことですが、足圧中心の動きには、**足首の倒れと変形**も、深い関わりを持っています。外反足・内反足のイラスト（図4－3）をご覧下さい。足首が内向きに倒れる動作を**外反**、この形状の強い場合を**外反足**と呼びます。外反足は、足底部自体がかなり外側を向き、この状態で動作すると親指が常に先に落ちて強く着地します。

これとは逆に、足首が外向きに倒れる動作を**内反**、この形状の強い場合を**内反足**と

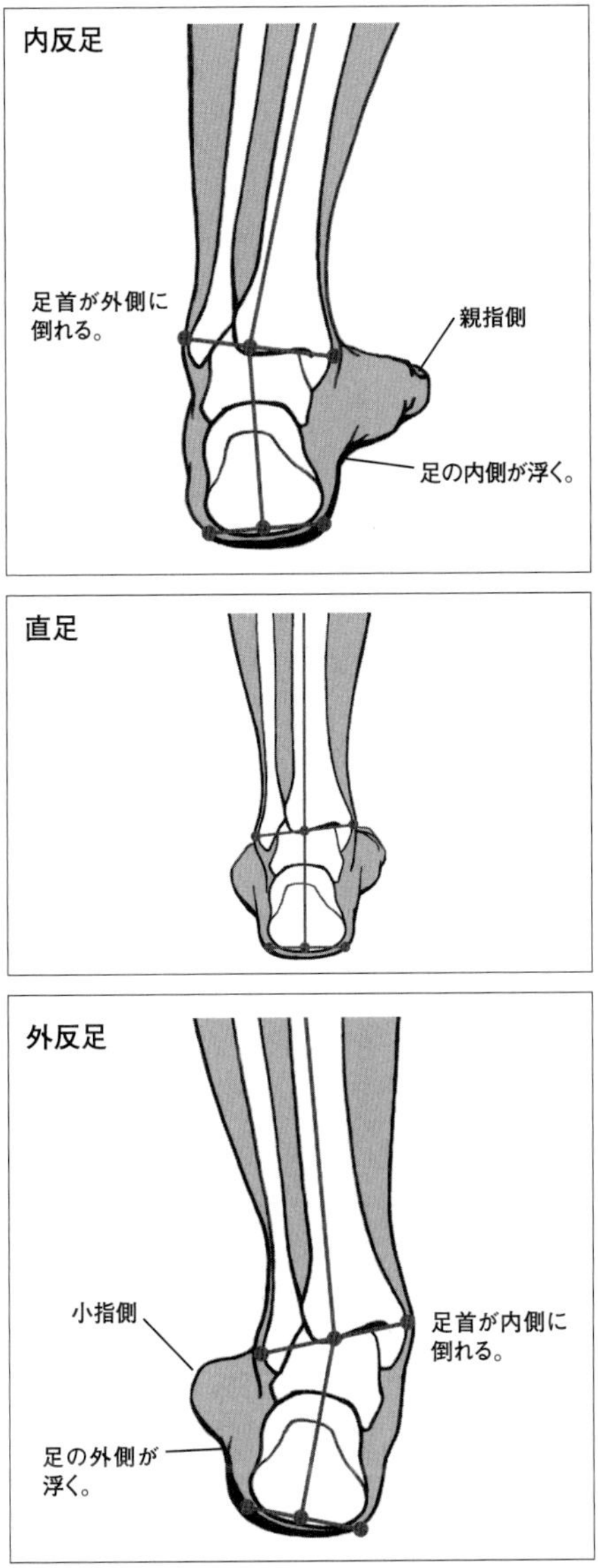
内反足
足首が外側に
倒れる。
親指側
足の内側が浮く。
直足
外反足
小指側
足首が内側に
倒れる。
足の外側が
浮く。

図4-3　内反足・直足・外反足

呼びます。これも身体機能のストレスを増大させます。

捻挫などもこの外反、外反状態、つまり、足首が内側に倒れた状態で、早く強く自らの体重が乗ったり、ボールや他の人の足の上に乗ったり、くぼみや傾斜に足を取られて、外反状態になった瞬間に起こることが多いという事実があります。一般的に、「足首の関節が弱いので捻挫を起こす」と表現されることが少なくないようですが、この表現、表記は不適切と言えます。足首は本来強力な靭帯や腱でガードされている強い部分です。

もう少し考察を進めますと、外反足は機能的にストレスを受け続けるので、脆《もろ》くなる危険性がある、あるいは、瞬間的・突発的に外反状態が強く作られると脆い——これが科学的な表現です。

内反足・外反足は麻痺障害を受けた場合に顕著ですが、歩き方や、これまでの一般的なシューズ（つまりヒール系やクッション系のシューズ）の構造、または、その両方の組み合わせによって起こることが少なくありません。

中には外反足、内反足ではなく、一般的に健常とされる直足の方でも足を入れた瞬間に、外反を招くシューズがあるので注意が必要です。

理想的な立ち方は、少しの意識か、全く意識せずに足首が真っ直ぐになることです。少なくとも、立っている状態で踵と外側でバランスがとれて、拇趾球と親指には強い圧を感じないことが、シューズの条件と言えます。

3　歩き方には全ての動作が集約されて示される

「歩く」という動作は神経が司り、神経筋制御、運動制御と深く関わっています。そして、あらゆる運動・動作の集約と表現しました。

さて、これまで定義を六つ述べましたが、七つ目からは人間の精神的活動も含めて、「歩くことが、運動・動作の何を集約するのか」の定義を試みます。

【定義Ⅶ】
「歩くという動作は、人間が運動や行動をする中で、ある場所からある場所へ移動する手段」

また、そこには、スピード、時間を求めたり、求められなかったり、求める必要がなかったりと大きな幅を持ちます。よって次のように定義することもできます。

【定義Ⅷ】

「歩くという動作は、相手との距離を詰めたり離れたりする手法・手段の基本」

スポーツをされない健常者の方々も、障害をお持ちで車椅子をご使用の方も、様々な移動の手段を生活のベースとしています。第七章で述べる理想的な歩き方もそうであり、車椅子をご使用の方々の合理的な動作とも関連します。

【定義Ⅸ】

「肩を使った様々な移動動作の基本」

これを実際に行う方法は、第七章でご紹介します。そして、ここから派生する機能連関の定義、

【定義Ⅹ】

「脚だけを使う場合と、肩と脚を連動して使う場合の、脳への刺激の違い」

また日常生活、スポーツを含めて一般的に、足、脚には「道具は持てない」のですが、「肩」を中心とした「肩腕」機能は「道具」を持てます。これは第一章の定義Ⅰとも連関します。

【定義Ⅺ】

「手に持った、これら道具の使い方の良否は、随意的（意識的）にも、反射的（無意識的）にも、下半身動作活動との、同期《シンクロナイズ》にある」

このような点から、歩くという動作は、日常動作の基本、同時にあらゆるスポーツの基本と言え、「全ての動作が集約して示される」と表現できるわけです。

4　良い歩き方や良いトレーニングは神経系を発達させる

身体の動作は神経系が司ると述べましたが、このことについて、もう少し論を進めます。人間の動作に関与する大脳の運動野と、この部位から最も遠くに位置する足底との神経伝達はミリ秒（msec）という単位で行われます。

よく知られている、膝の腱（※）を何かで軽く打って神経障害の有無を調べるテストがあります。腱を打つという刺激が、脊髄へ到達し、脊髄の指令で膝を伸ばす筋肉を動かす過程では、学術上、大人の膝の腱から脊髄は八十センチとみなされ、膝・脊髄間の往復距離は、およそ一・六メートルとされます。

この神経の伝導速度は、秒速約百メートル（100m/sec）ですので、膝を打たれてから、あの「ピク」という反応が起こるまでに要する時間は、わずか十六ミリ秒（16msec）つまり千分の十六秒（16/1000sec）とされています。これは、脳を介さない効果器と呼ばれる膝と脊髄間の反射です。

もう一つ代表的なのは、膝・足・手などの効果器－脊髄－脳と経由する反射です。脳と末端の神経伝達が滑らかかつ、このように速い速度で行われるので、人間は眠っていても生体を維持できたり、疲労を回復できるとされています。この神経系の反応の善し悪しが、動作の良否、体調にも影響を与えることは容易にイメージできます。

※　膝外腱《しつがいけん》のこと。

歩き方を含む動作によっては、神経系に好ましくない制御が起こり、身体が硬くなる、あちこちが張るというストレスばかりを増すこともあります。

意外と気付かないことですが、**張りや凝りというのは、神経と筋肉の好ましくない制御関係から起こります。**そして同様に、良い動作や良いトレーニングは、それ自体が神経系をも発達させ、神経と関節、神経と筋肉の機能向上を促すことが期待できます。

座っていてもどのようなシューズを履いているかで、デスクワーク、パソコン操作中の肩、首の張りや凝り、目の疲れの大小などに影響を与えることも、私たちの研究で分かってきています。

5　人間の「脳力」と手指、足指

学問、芸術、思考、スポーツ、文化の創造と発達などに代表される、様々な分野での人間の「脳の力」、「能力」が、どのように発展、発達したか、あるいは、できたかについては、諸説が取り上げられます。

これらの中で、手指が自由に開くこと、第一指と第二指、つまり親指と人差し指の間の可動域が拡大されたことが、精緻《せいち》で、細やかな動きができる要因となり、人間の脳の発達を促したという学説が、有力視されています。（第七章の「腕の動き」参照）

これは「立つ」という動作、そして四足《しそく》歩行から二足歩行への移行が、そのベースにあります。二足歩行になることによって、初めて、人間は腕と手指をかなり自由に動かすことができるようになったことを推測するのは容易です。

二足歩行は、チンパンジーなど、他の霊長類にも見られることですが、人間に見られる「直立」は、チンパンジー、ゴリラなどには見られません。

ここに人間の歩き方や脳の発達を考える上での大きな鍵があると私は考えています。

6 足指の曲がり

脊椎動物の中でも、犬や猫などに代表される四足歩行動物の、前肢（前脚）、後肢

（後脚）の地面との接地部分と、人間の手の甲、手の平、手の指、同じく足の甲、足底、足の指を比較すると、機能的構造、形状が異なることが分かります。（図4－4）

身近な四足歩行動物、例えば前述した犬、猫、そして馬などの関節構造と、人間の関節構造の違いを考察することは、重要な意義を持ちます。

人間の手甲、手指はかなりの自由度を持ち、開放的に動き、伸展・屈曲、捻転、回転などの動作を行えます。これに対して、足甲部、足指は、自由度を持ちますが、手指ほど開放的ではなく、特に足指は、曲がっていることが少なくありません。

犬や猫のそれは、前肢（前脚）、後肢（後脚）部、共に閉鎖的で、拡げることは難しく、手指、足指も、屈曲の状態が強い構造となっています。中には、第一指（親指）が人間の悩む《外反拇趾《がいはんぼし》》のような形状を示す動物もいます。

私たちの最近の研究では、人間が、手の平と地面を利用した「四肢（四足と考えましょう）支持」つまり四つんばい状態で、歩行・走行を行う時の状態について、興味深いことが分かっています。

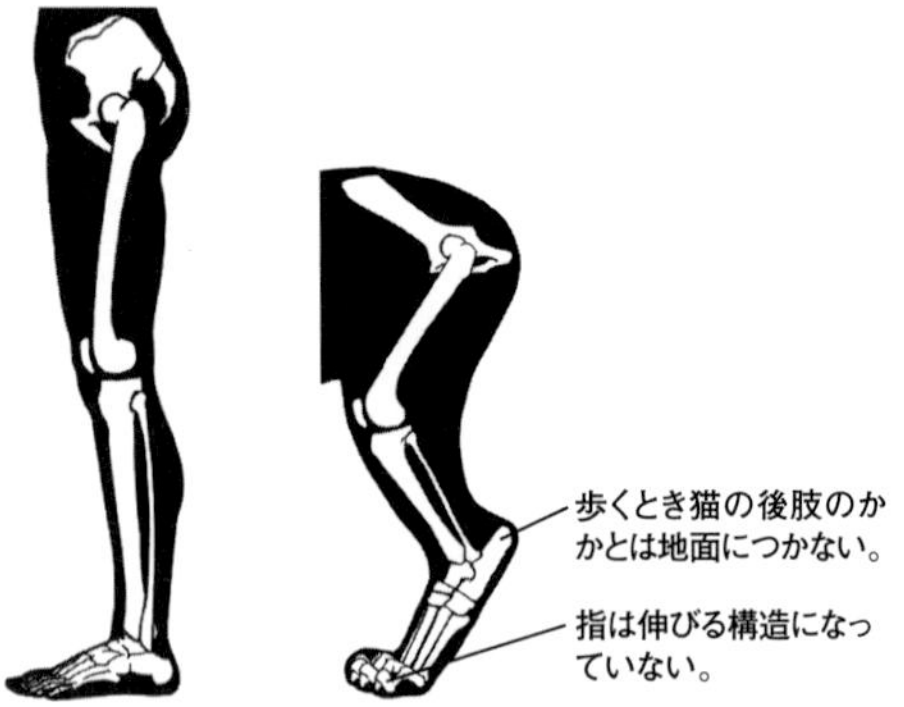
歩くとき猫の後肢のかかとは地面につかない。
指は伸びる構造になっていない。

図4-4　二足歩行のヒトと四足歩行動物の後肢

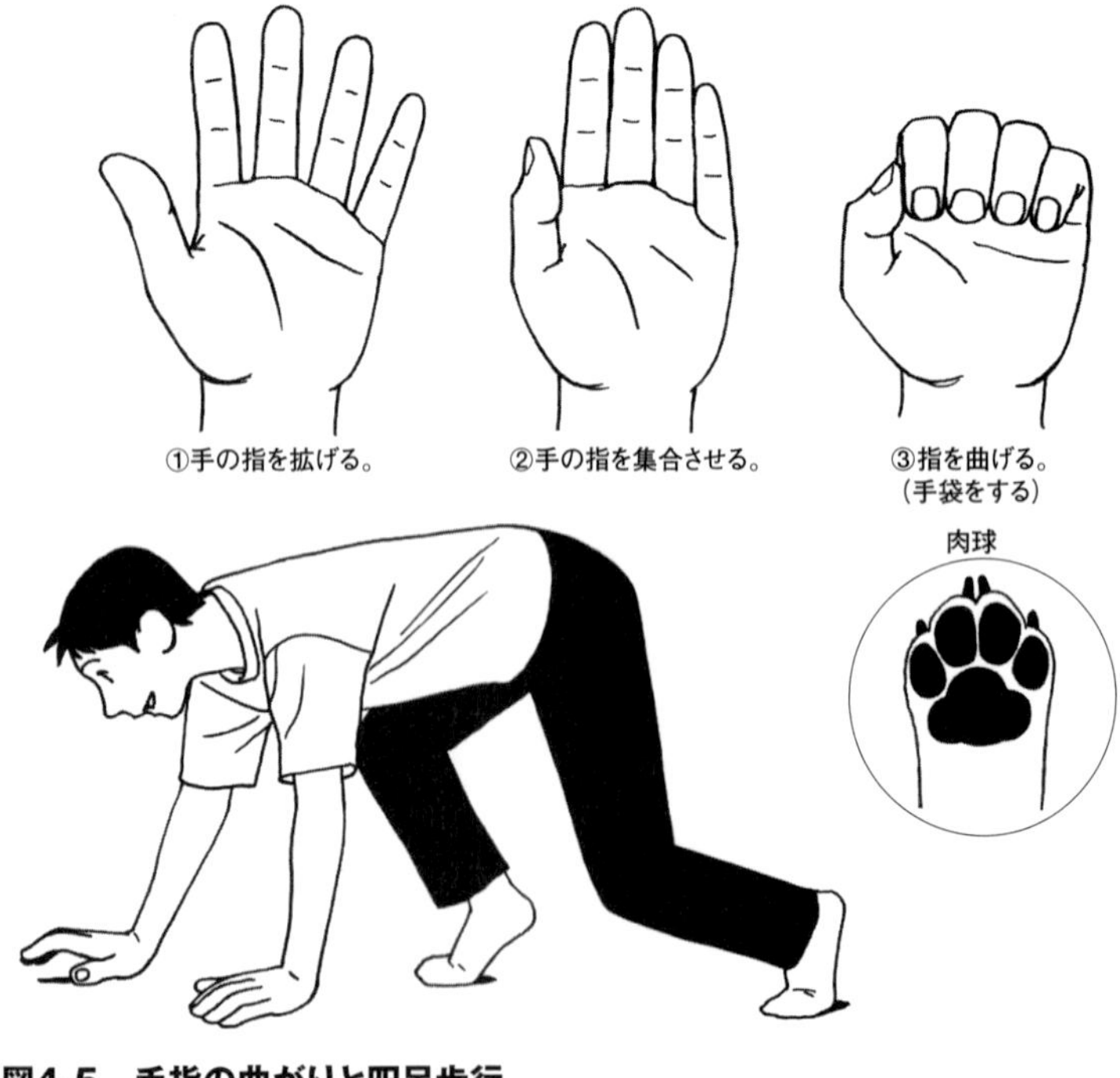
①手の指を拡げる。
②手の指を集合させる。
③指を曲げる。
(手袋をする)
肉球

図4-5　手指の曲がりと四足歩行

①手の指を拡げる。②手の指を拡げず、手の指を中心に向かって集合させる。③厚い手袋などを利用し、指を痛めないように曲げて、この曲げた指を中心部に集合させる。（図4－5）

これらを比較すると、歩行も走行も③が最もスムーズで、スピードも上がり、逆に、心拍数、血圧変化が少ないことが分かったのです。この状況に次いで近いものは②でした。

手指を集合する、手指を曲げて集合させることで、動物に見られる、前肢、後肢の足底部にある発達した肉球に似た状態、あるいは人間の足底部に見られる「アーチ」に似た形状が形成されます。

これによって衝撃に対しての防御の役割を持つだけでなく、手首の関節と手指が近くなり、体重移動時の、この部分と肘関節、肩関節機能のストレスを少なくするのです。

特に体重を支える瞬間に、肘の関節の不要な屈曲が少ないことは、肩甲帯（胸郭の周辺。第二章参照）との機能的安定性を維持し、また、筋肉への負担が少なく、効率的な身体動作が行えることなどが特筆されます。

かなり自由で精緻な動きのできる人間の手指ですが、四足歩行・走行に近い状態になると、逆に動作にブレーキをかけたり、身体のストレスを大きくすることは興味深いことです。

再び、人間の足の指に目を向けると、前述しましたように、人間の足指は、元来、縮みやすく、開放的伸展や回転、そして左右への拡がり（可動域）は手指ほど大きくありません。また人間の持つ筋肉の特性・特質は、「縮もうとする性質」にあります（※）。

このように縮んで伸び難い足指が、何らかのストレスや、シューズなどの影響で更に伸び難く、拡げ難くされると、手の指の動きも同様に、伸び難く、拡げ難くなります。

これは、足指の筋肉が短縮（縮むと考えます）した途端に、手の指も短縮するという、神経系を介した、いわゆる反射応答の特徴も示します。**これらの反応は瞬時に起こり、関節や筋肉を緊張させます。手指、手甲部は、身体の末端部に位置しますが、この筋肉群の強縮（強く縮むこと）、短縮は、更に前腕、**

※　「塑《そ》性《せい》」と呼びます。このため一般的にこれを伸ばす「ストレッチ」が推奨されるのですが、これは、《型を決めたストレッチ動作》より、動きの中で求めるストレッチングの方が有効です。

上腕、肩、首の緊張を連鎖応答させます。

7 中心部（根幹部）から末端へ

人間の筋活動は中心部（根幹部）から末端へと活動し、この順で力を伝達することで、合目的的《ごうもくてき》で合理的なものとなります。しかし前項で見た、足指の筋肉の緊張が、神経を介して上腕、肩、首にまで、瞬時に緊張を連鎖していくという現象は、これらとは全く逆筋活動です。次に、この意味を探ります。

中心部（根幹部）から末端へと筋肉が活動し、力を伝達することで、「末端部」を加速させたり、自由度の大きな動作を得る、あるいはこれを求めることができます。この筋活動とその位相の流れで、身体活動で生まれた力を、外向きの力として発揮し、何かにその力を伝えたり、細やかな動きを可能としているのが末端部です。

これらの機能を総称して、**運動連鎖**と呼びます。

ここで述べている末端部、手甲、手指、足甲、足指部は、共に小さな骨の集合体です（第二章参照）。中心部（根幹部）から末端へという運動連鎖は、これら、強度的にはかなり脆弱な末端部に、余分なストレスをかけない、また発生させない、筋肉や関節には、自由で精緻な動きを求めたい、人間の活動様式を考えると、とても理に適った動作です。

学術的表記では「proximal to distal（近位から遠位へ）」と表現します。

このような考察からも、一般的には末端部が緊張する、という動作はとても不合理であることが分かります。

更に身体中心部に位置し、脳に近接する肩、首といった部分の、強い緊張は、直接的な脳へのストレスとなることが考えられ、これらは、自律神経系など、様々な身体機能へのストレスを増す可能性を示唆しています。

ヒト（人類は動物分類学上、サル目ヒト科と表現しますが、この後は、「人類」「人間」と表現。サル目ヒト科の現存種は、ホモ・サピエンスのみ）を含む、霊長類が何故、立つことができたか、これにも諸説が論じられています。

樹木に登る、樹木にブラ下がることで脊柱（背骨）が伸びた、群れて生活していた霊長類の先祖が、広い草原の中で外敵から身を守るために、遠くを見る、観察するために起立するようになった、などが代表的です。

いずれにしても、見落としてはならないことの中に、前述した、足指の屈曲が大きくなると、「直立」、「二足歩行」には適さない――このテーマがあります。

他の霊長類も持つ、この足指の「屈曲」状態と形態が、「伸展」という状態・形態を得たことも、人類の「直立」や「二足歩行」を可能にした、一つの要因と考えられます。

8　ゴリラと人類の比較――足指と骨盤と肩

足指の大きな屈曲は脛部《けいぶ》を緊張させ、膝関節の本来持つ、自由な伸展を制限することで、股関節の伸展を妨げ、骨盤を立たせ難くします。

骨盤は、構造学的には、上半身と下半身の中間に位置します。腰椎（腰の骨）、胸椎（腰椎から首の付け根にかけての骨）は、骨盤の上に乗りかかっているように配置

されています。（図4－6）

一般的には、この腰椎と胸椎を合わせて背骨（※）と呼ぶことが多いようですが、機能構造的には全く別の存在と言えます。胸椎は、捻《ひね》ることに対応できますが、腰椎には、その機能が無いことなどが特徴です。

足指の大きな曲がりは、股関節、背骨を伸ばし難くします。

人間の骨盤は、その上の背骨を伸ばすために起き上がり（図4－6）、殿筋《でんきん》や、大《だい》腿筋膜張筋《たいきんまくちょうきん》などが、その直接的機能を担っています。前述した足底部のその上に、骨盤が乗り込む動作を股関節伸展《こかんせつしんてん》と呼び、この動作にも強く殿筋は作用します。この発達した殿筋に対して、円錐形のような形態の大腿部が、人間の脚の巧緻性を高め、末端を効率よく動かすことを可能としています。

霊長類の一種、ゴリラ（図4－7）は、起き上がっていない骨盤と、これと連関する小さな殿筋という形態により、直立には不向きです。しかし、殿筋の小ささをカバーし、四足歩行にも適するように前腿、裏腿が太いことが特徴的です。

ところで、前述しましたが、人間の足指は曲がりぎみです。第七章でも述べます

※　背骨と脊柱《せきちゅう》は混同しやすい表現です。脊柱と表現する時は、尾骨、仙骨、腰椎、胸椎、頸椎を含めます。

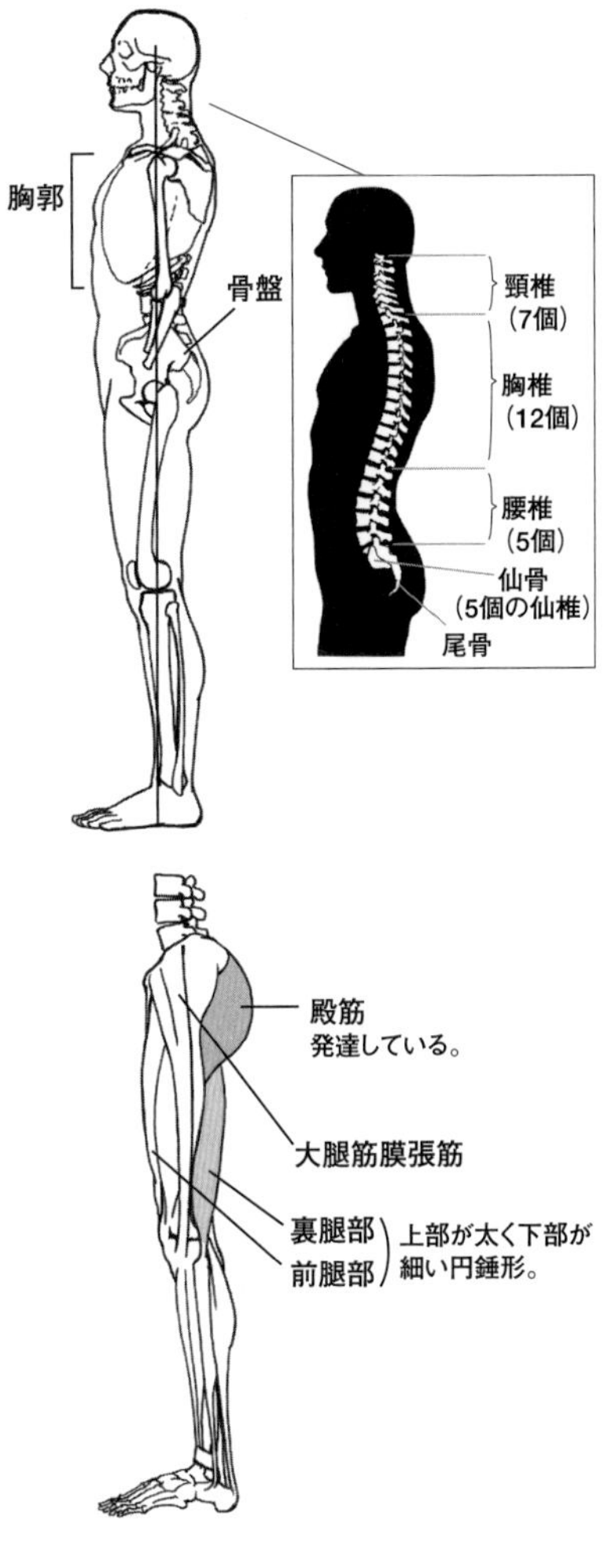
胸郭
骨盤
頸椎
（7個）
胸椎
（12個）
腰椎
（5個）
仙骨
（5個の仙椎）
尾骨
殿筋
発達している。
大腿筋膜張筋
裏腿部
前腿部
上部が太く下部が
細い円錘形。

図4-6　人間

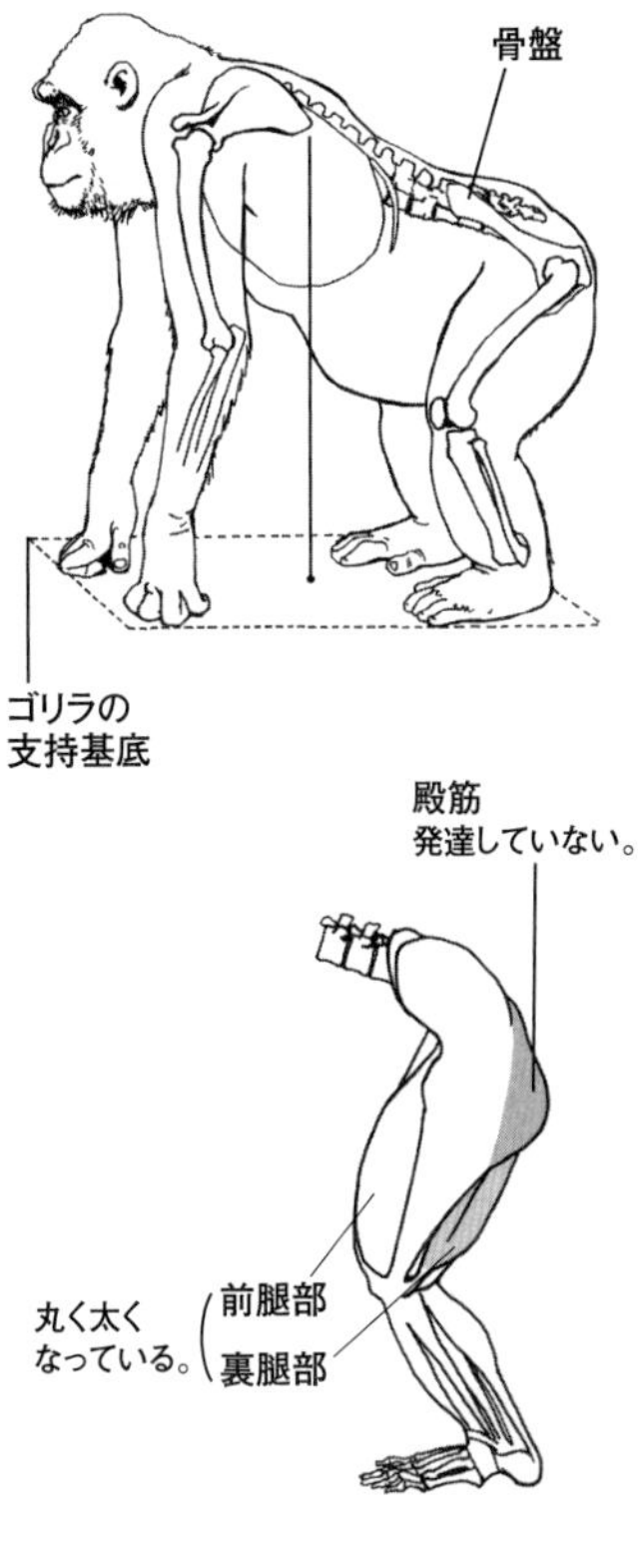
骨盤
ゴリラの
支持基底
殿筋
発達していない。
丸く太く
なっている。
前腿部
裏腿部

図4-7　ゴリラ

が、足指が曲がった状態が大きく、その度合いが強くなると、直立姿勢の基本となる、骨盤を立てて腰を伸ばす、胸を張るという動作を行うだけでも、腰部、頸部《けいぶ》（首）に対して、かなり強いストレスを与える動作となり、この、直立するという動作を行うことが困難な状態を示すこともあります。（第二章を参照）

これら、身体中心部（根幹部）の変化は、頭部の位置、目の位置などの、本来の機能的な構造の位置を変えることから、視野も変化します。人間の外部刺激として重要な「視覚刺激（情報）」、「聴覚刺激（情報）」にも変化が現れることが考えられます。

これら、「脳の力」、身体「能力」との関係を更に考えるために、「脳の中」に目を向けてみましょう。

9　脳の中に目を向けると――脳の大きさと神経の数

人類を含む霊長類の脳の発達が著しいことは、よく知られています。脳の中には、非常に複雑で未知の領域が広がり、脳を構成する神経細胞は、樹状突起や軸索により

《相手となる側の神経細胞とシナプスと呼ばれる構造を介して》情報連絡をしています。（図4－8参照）

霊長類の脳の重さは、チンパンジーで平均三百五十から四百グラム、同じく、人類の脳の重さは平均千三百から千四百グラムとされ、研究に用いられるマウスは約一・五グラム、猫は約三十グラムであることが知られていますが、例に挙げた動物と比較すると、いかに、霊長類、特に人類の脳が、重さを持つかが分かります。

これまでに、脳重量と寿命には、相関関係があることが報告されていますが、様々な情報の記憶容量の増大が、外敵や外部からの刺激（情報）の判断・処理・対応、身体内部のそれらを含めた適応能力を向上させ、生存能力を高めたと考えられます。

この脳の中で、最も発達しているのは大脳皮質と呼ばれる部分です。（図4－9）

神経細胞は、大脳皮質の表面から約二〜五ミリの間の灰白質《かいはくしつ》に存在し、六層に分かれる構造となっています。灰白質は、この脳の中だけではなく、脊髄の中にも存在します。灰白質、脊髄内、脳内ともに、神経細胞が集中した部分ですので、脊髄を介した脳への神経伝達を有効にした構造となっていることが分かります。

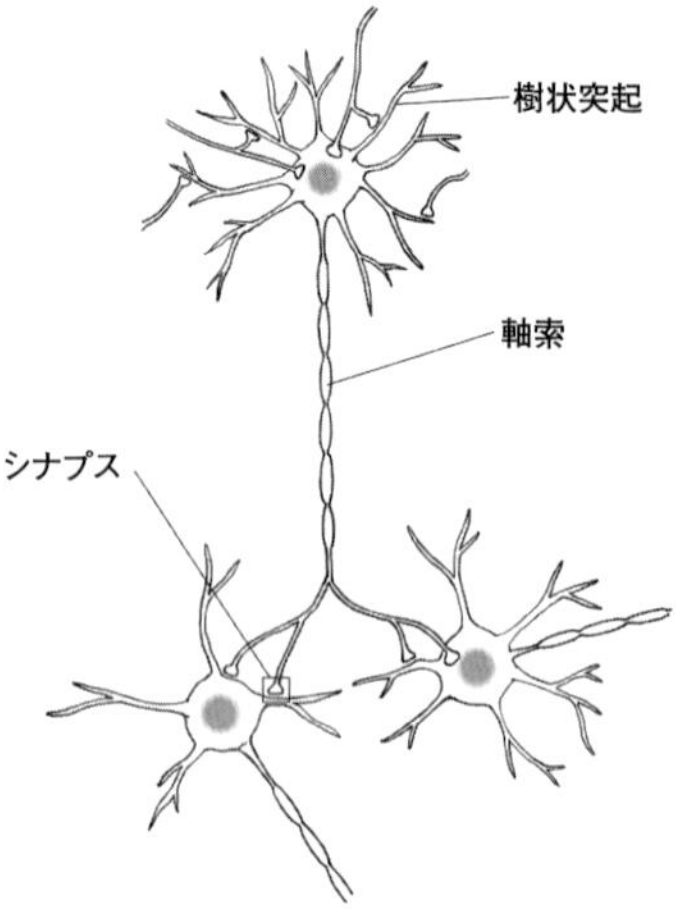

図4-8　シナプス・軸索・樹状突起

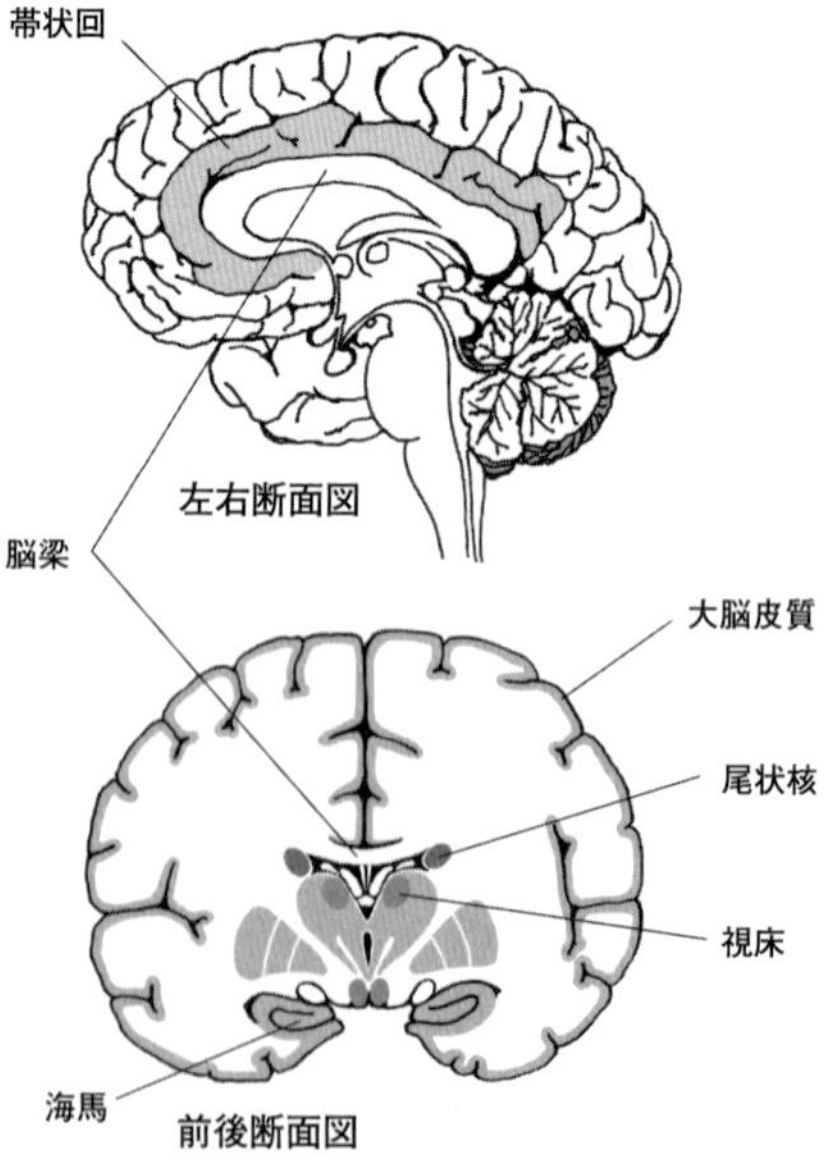

図4-9　脳の断面図

大脳皮質の神経細胞数は、人類では約百四十億とされています。また、大脳皮質を平面化すると、チンパンジーでは、本書（四六判）の《約二ページ半の面積》、同じく人類では《約十ページ半の面積》で、マウス類では、一般的に流通している約五平方センチの切手大の表面積の広さであることを考えると、人類の大脳皮質は、相当な広さの表面積を持っていることが分かります。

このような大脳皮質が、狭い頭骨の中に収まっています。そのために脳組織は複雑に折り畳まれ、その結果、霊長類の大脳皮質には「脳の皺《しわ》」と呼ばれる多数の皺が生じる、と考えられているのは、良く知られている通りです。

内臓である小腸も、その長さは、一般的に六メートルくらいですが、狭い腹腔内に収まりながら、機能を拡大するために、その内部に無数の、脳の皺に該当するもの、正確には小腸の内面に飛び出した輪状のヒダと腸絨毛《ちょうじゅうもう》という突起や、腸腺というくぼみを数多く有しています。

小腸の粘膜、これを平面化した表面積は、畳十二枚くらいの広さとされます。本書のサイズを基準にすると、実に、約九百五ページに該当します。

人体の限られた容積内で、機能効率を高めようとする構造には、脳、内臓ともに驚かされます。

脳の場合、皺を境界として、皺が一つのコンパートメント（区画）のようになった、全く異なる神経細胞の分布領域が見てとれます。

これらの脳の領域は、**機能領域**と呼ばれます。前述した、手指、足指、口などを動かす、目を使ってものを見るという各種の刺激や情報に対して、各々の領域の神経細胞が活動することに因みます。

10　人類を含む霊長類の視覚野と脳、手、足の動きと発達

霊長類の脳の持つ特徴には、色々なものがありますが、特には、《視覚野》と呼ばれる部分が著しく発達していて、神経細胞数、細胞密度も他の領域の約二倍とされます。

これは、草原、森林、樹木の上での生活などにおいて、外敵から身を守るために、

視覚という直接的に飛び込んでくる情報・刺激に対して、適応発達したものと考えられています。人類においても重要な「視覚野」ですが、**歩行動作、靴などの影響による足指の曲がりが遠因・起因となって、身体の機能バランスを変えることで「視野」に大きく影響を与えることを、ここでのポイントとします。**

霊長類の祖先や、現在のチンパンジーなどに見られる、樹木上での手指、足指を器用に使いながらの活動は、手、足とそれを司る脳の発達を示すものとも考えられます。手指を使った、複合的な動作や、足指の動きなどとも少なくない関わりがあるのでしょう。

これらの動物たちの脚、足の形状、そして、機能的にも特徴として挙げられるのは、樹木の枝に、腕、手指を使ってブラ下がること、更に、足の指の曲がりを利用して、樹木の枝を摑んで、安定した姿勢をとることです。また、足指を利用して枝にブラ下がるなどの特性を持ちます。

しかし、足指の曲がりが、地上での直立歩行を困難とし、腕、手指の動きが、人類とは異なるという、生物学的進化と機能的特徴は、興味深さを越えたものかもしれま

せん。人類は、特殊な例を除き、足指で樹木の枝にブラ下がることは困難であるという実態を考えても。

霊長類の脳の持つ、もう一つの特徴は、連合野または連合領と呼ばれる部分が拡大（大脳化）していることです。（図4－10）

連合野は、特に人類において最も発達しています。連合野には前頭葉・頭頂葉・側頭葉などの大きな部位が属し、感覚（感覚野）、運動（運動野）を司る中枢野を除いた、大変広い領域を指します。人類ではこれが実に大脳皮質の約三分の二を占めています。そしてここは「記憶や学習」などに重要な領域です。

霊長類が、繊細かつ複雑で高次な行動ができるようになったのは、この連合野、連合領の拡大に因むとされ、これまでの研究から、前頭葉は、「意志」、「創造・思考」、頭頂葉は、「知覚」、「認知」の、側頭葉は、「記憶」、「判断」の中枢と考えられていて、これらが統合された高度な精神活動に関与しています。

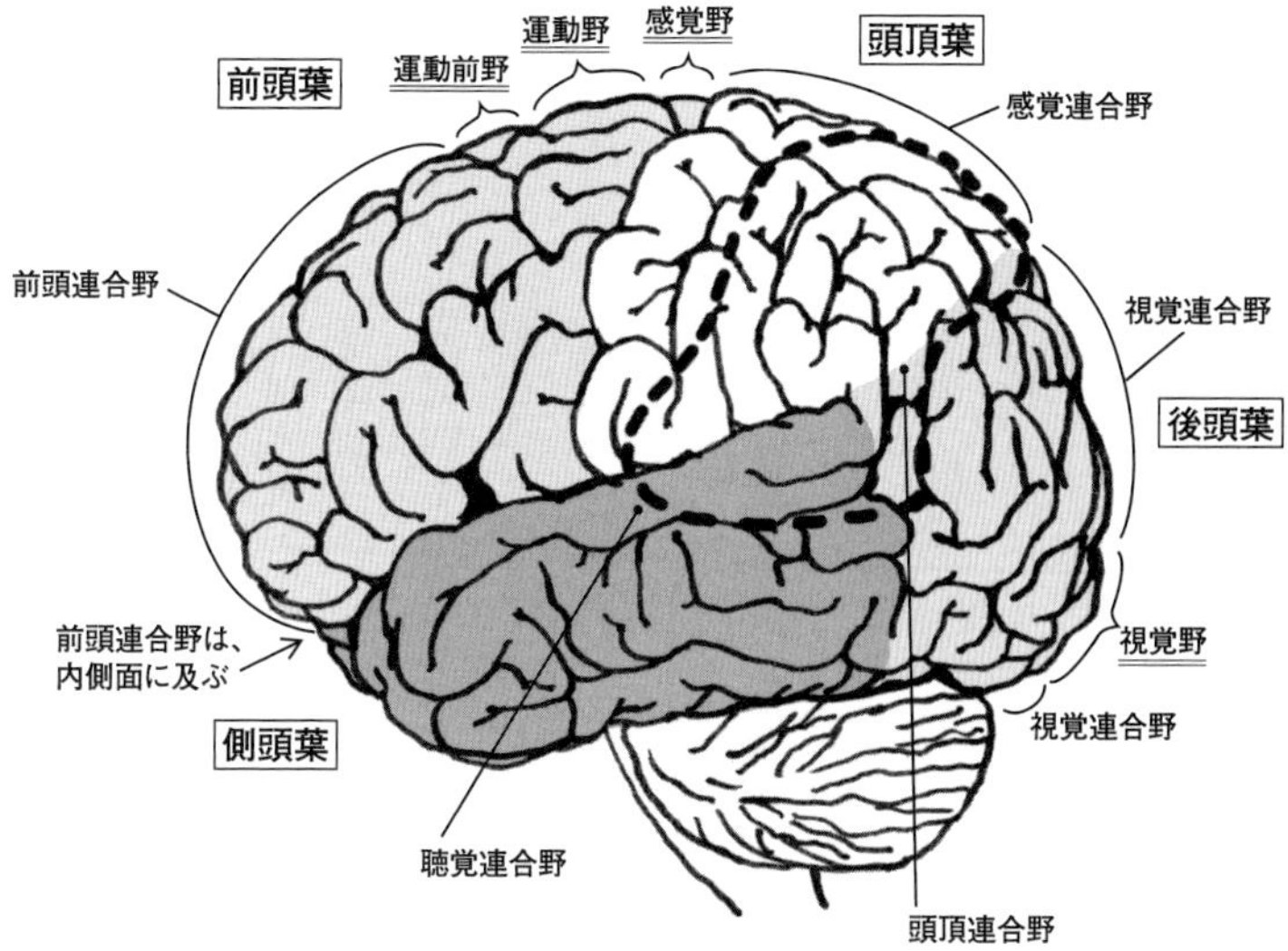
運動野
感覚野
頭頂葉
前頭葉
運動前野
感覚連合野
前頭連合野
視覚連合野
後頭葉
前頭連合野は、
内側面に及ぶ
視覚野
視覚連合野
側頭葉
聴覚連合野
頭頂連合野

図4-10　脳と機能

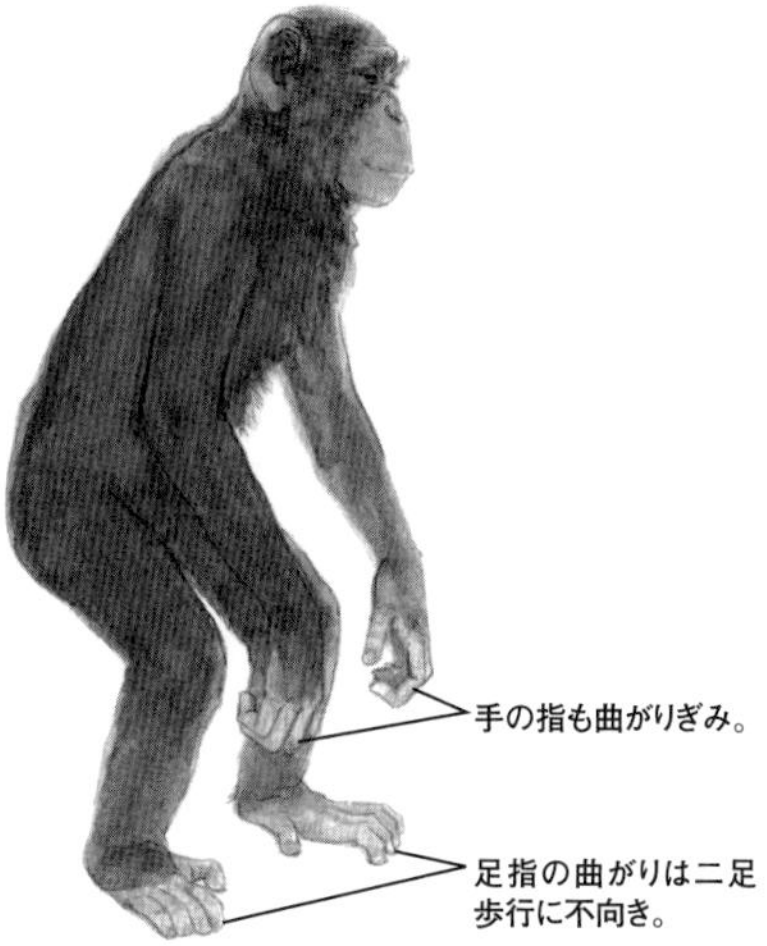
手の指も曲がりぎみ。
足指の曲がりは二足
歩行に不向き。

図4-11　チンパンジーの直立姿勢

11　一児《ひとつご》の魂、百まで

大脳皮質の神経細胞は、初期に線維を網目のように伸ばし、その後、その多くは消滅します。かなりの数が除去され、人類では、生後一歳くらいに、シナプス数は最大となり、その後、半減することが知られています。

霊長類の、高次の行動を担うために、非常に多くの複雑なシナプス結合が必要とされますが、発達段階で、余剰・過剰とも言える多数のシナプスを作ることは、文字通り、余剰・過剰とも言える無数の外濠や内部での情報収集、処理施設を作ることで、安全な防御システムを作ったものと考えられています。また、これらの過剰なシナプスは、左右の大脳（皮質）半球を相互に連絡させている脳梁部《のうりょうぶ》（図4－9参照）に顕著に見られます。

また、余剰・過剰とも言え、複雑な防御システムにも似た、シナプス結合の形成が、人類の生後の、外敵・外部から加わる、様々な危害やストレスに晒される、脆弱な時期に最も盛んになることから、この脆弱期には外部環境変化により、本来、様々な影響を受けやすいことも推測されます。

この時期に、適切な環境に育つ乳児の脳内シナプスが増加すること、これとは逆に、適切な育児期を与えられない乳児の、シナプス数が減少することが分かっています。これは、マウスを用いた実験の報告ですが、人類においても、生後の育児環境が、脳の発達に極めて重要な影響を与えることが考えられます。

このように考えると、「三児の魂、百まで」の格言は、「一児の魂、百まで」と表現する方が、適切であるかもしれません。ただ、この「適切な環境」の範囲は文字通り、その人間のおかれる「環境」によって様々です。しかし、いずれにしても、乳児期に注ぐ、「愛」、「栄養」、「愛という栄養」などが大きな鍵を持っている、と言えるでしょう。

12　脳の中を覗く――終わりに

以前は、正常脳においても、老化に伴い約六〇パーセントの神経細胞が死滅すると考えられていましたが、近年の研究により、人類のいわゆる、正常な老化過程においては、大脳皮質の神経細胞の死滅は、わずか一〇パーセントであるという報告もされています。これは有力な、神経細胞数にはあまり変化がないという説ですが、脳内の機能分子レベルでは、老化による顕著な変化が観察されます。

脳細胞は、アセチルコリンやドーパミンなどの神経伝達物質や百種以上に及ぶ、神経ペプチドを用いることにより、多様な刺激に対応しています。

神経線維を張りめぐらして伸ばす機能分子には、《成長関連タンパク質：GAP43,SCG10》があり、これらの物質は、神経線維の先端に存在し、線維の伸張作用を持ちます。大脳皮質における《GAP43,SCG10》の遺伝子発現の発達過程は、脳梁部における線維数の発達とほぼ一致するとされています。

これら、非常に興味深さを持った「脳の中」ですが、いずれにしても、本書の紙面内で述べるには制限があります。**神経系の発達には、先天的に遺伝子によって決定されているものと、後天的な外部からの刺激による神経細胞活動の両方の重要性が明らかになっていること**を報告してまとめとさせて頂きます。

13 「脳力」と能力を高める歩き方《重要なレッスン》

ここまで見てきた手指と足指の関係から、足指が伸びる、開放的に拡がることの重要性がよく分かります。

ここで皆さんの身体を使って一つの実験、重要なレッスンをしてみたいと思います。これは室内で行います。シューズを脱いで（私が研究開発したBeMoLoシューズ着用の場合はそのままで）ソックスか、裸足になります。

両脚でイラスト（図4－12）のように大腿骨大転子《だいたいこつだいてんし》の垂線下に、足底外縁線がくるように立って下さい。難しいようであれば股関節の下に位置させます。（図4－13参

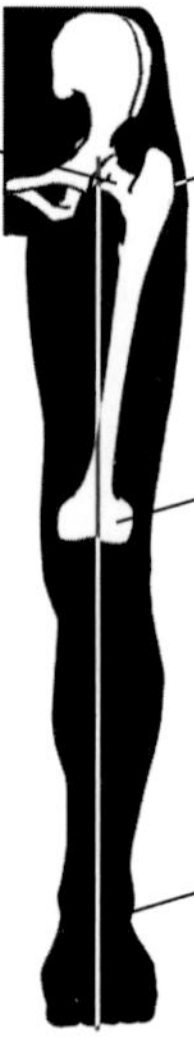
筋肉や関節が硬化して
難しい場合は、股関節
であわせる。
股関節
股関節は男性は、
ズボンのポケットあ
たり。
大転子
膝関節
足関節

図4-13　垂直軸（股関節）

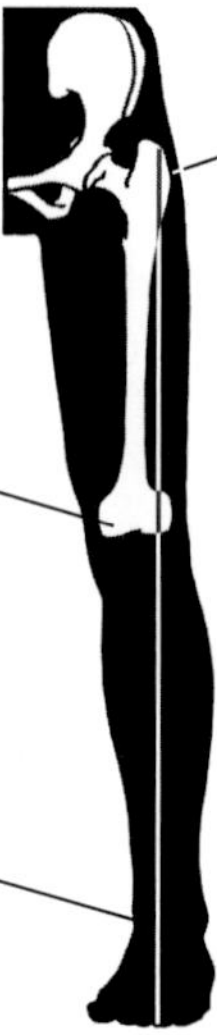
きちんと体重をかけられると、
大転子ー膝関節ー足関節の
外側が垂線上に並ぶ。
大転子

図4-12　垂直軸

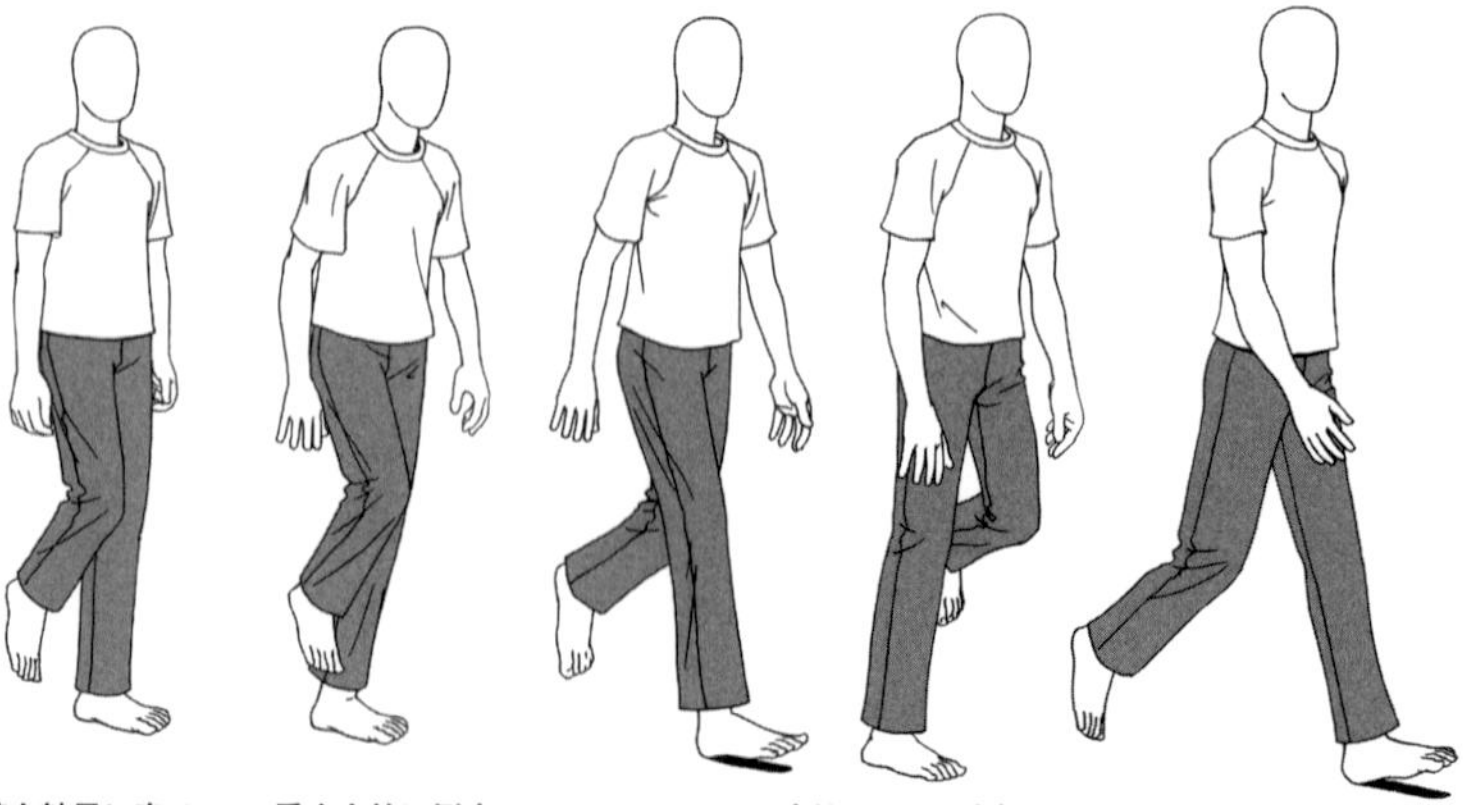

膝を軸足に寄せ　　重心を前に倒す　　自然にトントンと何歩か歩ける

図4-14　重要なレッスン

照）

この状態から片脚立ちになり、遊脚（軸脚・支持脚と反対側の、空中にある脚）の膝を、軸足の膝に寄せます。

この時の軸脚は、ほぼ完全に伸びていることが望ましいのですが、既に伸び難くなっている方は、無理の無い範囲で立ちます。

そしてこの状態で、体重を前方に傾けます。そうすると、反射的に遊脚が前に出て着地します。と同時に、軸脚も反射的に追随するかのように前に出て、トントントンと、意識無く（反射動作として）何歩か繰り返せると思います。（図4－14参照）

何歩続きましたか？　両足が平行に着地できますでしょうか。

うまくできていると、この小さな意識下の動作（軸脚の位置を決める、軸脚の膝に遊脚の膝を寄せる、重心を前に倒すなど）と、反射的動作により、皮質間反射（※）を促す可能性が高くなります。

片脚を寄せた時、軸脚が外側に傾いていると、着地のポイントが定まらない、上半

※　「感覚性の入力」が感覚中枢から運動野へ送られ、脊髄を介して、腕・足などの効果器に速い反応を生じること。（第六章参照）

身も左右に揺れる、などの特徴と共に、反射的動作の歩数が少なくなります。

元の遊脚が軸脚となり、元の軸脚が遊脚となるという連続動作を、無意識に行いたいのですが、これらの意識を強く持って行うと、バランスや動作を崩すことも分かります。強すぎる意識は、反射動作を阻害する大きな原因の一つです。

これは、センサーの役割を果たす足底の圧（感覚）受容器や、膝関節の持つ関節感覚受容器を刺激するなど、シンプルそうでありながら重要な実験、かつ大切なレッスンと言えます。

また脳への刺激とも関連しますが、**膝の違和感、踵、ふくらはぎ、大腿部のストレス解除にも役立ちますし、固まりやすく、人間のウィーク・ポイントと呼ばれる、胸椎の動きも引き出します。肩や頭部がバランスをとるトレーニングとしても重要です。そして、曲がった足指も伸びやすくなります。**

バランスをとるために棒、机などを利用して、この立ち方を試すことも興味深い、重要なトレーニングとなります。また応用編としては、これら動作中の何歩目かに、軸脚を回すことなく遊脚を交差させて、急にターンを行うという運動・動作があります（第七章参照）。高度な運動の一つと言えます。

このレッスンを、革靴、ハイヒール、クッション系のシューズで行ってみましょう。膝や足首の関節やふくらはぎ、前腿、腰部の筋肉の受けるストレスが大きくなることや、違和感に気付かれることと思います。

好反射応答の起こる連続動作、反射動作は人間の機能にとって、とても大切です。「脚を振り出すこと」で歩くという動作を続けてきた方が行うと、最初は特に違和感が強い傾向があります。只、このレッスンは、身体バランス、身体の機能改善、皮質間反射の促進など、直接、脳を刺激する歩き方のトレーニングとして、重視したいものです。

第七章で述べる屋外でのウォーキングは、意識の持続性が少ないことが前提になっています。この室内での重要トレーニングとは目的を異にしています。

14　幼児に「横向き」投げを強制しないで！　ボールの投げ方と歩き方

幼児（ある段階までは児童も含めます）に多く見られる、「同側投げ」。これは、右脚を一歩前に出して、右腕でボールを投げる、また、その後に左脚を一歩前に出して、左腕でボールや何かを投げる動作を示しています。（図4－15）

これを目のあたりにした、ご両親や周囲の方々、そして指導者の方々までが、「これは大変だ、横を向いて、前に出す脚と、反対側の腕で投げることを教えなければ」と焦ったり、「運動能力《センス》の無い子供」と断じることが多いようです。

この「幼児の同側投げを止めないで！　幼児に『横向き投げ』を強制しないで！」というテーマは、私のワールドウィングでの指導現場でも、各地の高野連（高等学校野球連盟）に招かれて行う講演会でも、驚かれたり、ご質問を受けることの多い問題です。「指導を受けていたり、講義を受けている人は、ある程度、成長した大人に近い人、大人の集団なのに、何故？」このように思われるかもしれません。

幼児がボールを投げる場合、投げる手と同じ側の足が出る（同側投げ）ことが多い

図4-15　幼児の同側投げ

実は、この幼児、児童の時の「不適切な矯正」は、その子供が何歳位の時に「矯正されたか」にもよりますが、この「矯正の癖」は、かなり身体、身体動作に残っていることも多いのです。

幼児は、比較的、両足の間を空けて歩いています。平行に着地する幼児、つま先を広げて歩く幼児と、その動作は様々です。彼らが得意でない動作の特徴は、「横向きに直線的に歩く」こと、「身体を捻る」動作です。

ですから、後年、指導を受けるであろう「横を向いて、一歩出した脚とは、逆側の腕で投げるという動作」は、幼児には非常に困難で苦手な動きとなります。

歩行動作では、つま先で着地しがちな幼児ですが、それでも両足の間にスペースをとって「うまく体重移動」をしています。この時に生まれる「力」や「スピード」そしてタイミングを利用して、幼児はボールや何かを投げます。

にもかかわらず、早期に「横を向いて、出す脚、投げる腕を逆側に変える」という指導を行うと、バランスをとることが難しい横向き移動の中で、脚、腕、いわゆる背中、首の動きを合理的に行うことは更に困難です。そして神経も、かなりのストレスに晒されることになります。

また、投げる側と反対側の腕の巧緻性も高まりません。

早期に、利き手、利き脚を作るのではなく、幼児の時から、どちらの脚も腕も使える、その神経系を発達させてあげる、そして脳を鍛えてあげるという考えが大切です。

これとは逆に、不適切、不必要な幼児期の矯正は、子供自身のバランスを崩したり、将来の故障を作ることにもなります。また、何よりも、身体を動かす楽しさを幼児から奪ってしまいます。この時期の大切さは前述した通りです。「一児の魂」「三児の魂」に限らず、幼児期にストレス無く、伸び伸びと育ててあげることが大切で、矯正やストレスが多いと、脳、神経、行動、運動能力に影響を与えます。これは、大人になってから、その影響が露見するケースもあります。

参考までに述べますと、高齢者の方々にも、この同側投げは有効です。

右脚・右腕、又は逆の左脚・左腕投げでも「同側性反射」と呼ばれる適正な反射活動が起きて、脳も身体も適切に刺激することで、反応します。また、この反応が、適切な刺激となるという「正の連鎖」を引き出してくれる可能性が高まります。更に、この動作によって反対側の肩、腕、脚もうまく機能し、「対角反射」という反射活動が生まれ、その有意性は高まります。

15 片脚支持が、精緻で反射機能に富むパワフルな動作の根源

ここで歩行でも重要な片脚バランスについて、更に論を深めたいと思います。

精緻で反射機能に富む、パワフルな動きの根源は片脚バランスです。片脚バランスを反射的にシフト（変換、移行）することで、精緻さや強力なパワーが発揮されることは特筆に値します。

前述したように身体や、物体の安定性をもって支える底面を支持基底面と呼びます。水平な机の上にサイコロの角を使って立てようとすると困難だけれど、サイコロのどこかの面を下にして置くと安定する。これが支持基底面のイメージです。

片脚で長時間立つことが困難なのは、神経系の関わりも深いのですが、まず支持基底面が、両脚分から片脚の足底分に限定されることに起因します。

ある程度、両脚を開いて立てば支持基底面が拡大されますので、バランスや安定感を得られやすくなります。

但し、サイコロの例でも明らかなように、支持基底面の大きさは、動かないためにバランスや安定性が良いのであって、動くためにはバランスが良いとは言えないと考えるのがスマートです。サイコロは角を使って立てようとすると不安定ですが、その代わり、すぐに様々な方向に転がります。

同様に人間が動く時、動作する時は、片脚支持、片脚の支持基底面を得て行うことがほとんどです。その片脚支持、片脚支持基底面が形成される時間が長めであっても瞬間であっても、あるいは片脚動作の交互連続であっても、バランスや脚荷重は、片脚・片足でとることが多いのが実際です。

ゴルフのダウンスウィングをする時、体重や荷重を両脚に分散させているように見えながら、技術レベルの高い人、トップ・プロに近づくほど、片脚荷重で、反対足は、シューズのある一点で支えているだけ——前脚の柔らかな股関節を少し動かすだけで、前脚の荷重感を無くす——などの技術が高いことが好例です。

体重・荷重の両脚均等分散で、ダウンスウィングをしても、上半身、下半身の関節可動域は拡がらず、筋肉もストレッチできない上に、身体発揮パワーが小さく、その力の方向性と、スウィングするクラブの力の方向性と軌道が合わないために相当なロスを生じるのです（※）。

※ 興味のある方は、雑誌「ゴルフトゥディ」に私が連載中（2008年現在）の記事をご覧ください。

第五章

シューズと足・脚、歩き方の非科学と科学

ジェシーとボブの歩みを止めない愛の物語

ジェシーとボブが書店を出た時、入れ替わるように黒い帽子に、サッカーなどでも話題の、目と鼻の部分がくり抜かれている、細い黒マスクをつけた謎の男が現れました。そして子供たちを連れたご婦人に話しかけます。

謎の男　「ごめんなさい、お話が自然に耳に入ったものですから。心配しないで下さい。きっと楽になって、スポーツも学校生活も楽しめるようになりますからね！　歩き方とシューズは、私の研究の専門分野の一つなのです」

ご婦人　「そうなんですか！　研究者でいらっしゃるのね！　あら、普通に見ていると分かりませんでしたが、変わった底のシューズを履かれていますね」

謎の男　「皆さん、私が作った、このシューズを履いてみますか？」

三人　「ぜひ！」

謎の男の持っていたシューズを着用する三人。

三人　「ワッ、なんなのこの感覚は！　ストレス感が少ない……」

謎の男　「前屈してごらんなさい、その次は手を組んで肩をストレッチしてごらん」

長男　「あれ、久しぶりに手の指が床に届いたよ！　膝が痛くなる前から届き難かったのに！　膝も楽な感じ……」

次男　「僕はもう少しで手の平が床にタッチできそう、足の指が痛くなってから、こんなの初めてだ……」

長男　「手を組んだ両腕をあげる肩のストレッチですね……肩や首もつらかったのに肩が拡がって伸びるよ！　空気がたくさん入ってくるのが分かる！」

ご婦人　「あれれ、あんなにいつも張ってるふくらはぎの張りが、スーっと抜けましたわ！　感激です！」

謎の男　「良かったですね！　故障箇所だけじゃなく、その方の肩、首、股関節などの動く範囲の左右差、捻《ねじ》れなどから変化に個人差はありますが。次は、そのシューズを履いたまま適当な距離を歩いてごらん！」

書店内をしばらく歩いて戻ってくる三人。

謎の男　「先ほどと同じように、前屈、肩のストレッチをして比較してみよう！」

少年たち「あれ？　先ほどよりも柔らかくなってる！　いつも歩いた後は、硬くなってるのに……。魔法みたいだ！」

ご婦人　「本当に魔法みたいです!!」

謎の男　「アハハハ、魔法でも何でもなく、科学的結晶の一つです。歩くと楽になる、柔らかくなるって気持ち良いでしょ！　これが自然で理想なんだよ！」

少年たち「いつもはこんなに歩けないのに！　その上、楽なんて！　何故なんでしょう？」

謎の男　「考えてみよう。犬や猫、草原のチーターやライオンは、ストレッチやウォーミングアップもしないで、急にジャンプやダッシュができるよね。なのに、肉離れや捻挫をしたとも聞かないね。何故、人間だけ故障するのかな？

ストレッチとかウォーミングアップは、先ほどの動物よりも遥かに多くやっているのに」

三人
謎の男

「……本当だ！ 考えてもみなかったけれど、どうしてですか？」

「人間は二足歩行になり、腕や指を自由に使えることで脳も発達し、色々な芸術や、機械などの創造ができるようになったとされている。と同時に、この二足歩行は重力や、外乱という外部から加わる力を受けていて、関節も曲がったり歪《ゆが》んだりと、そのストレスは大きい。

そして、脳に考える力があることによって、自らの動きを緊張の強い動作にしたり、考える間のない咄嗟《とっさ》の反応や感覚が鈍くなることもあるんだよ。

神経の働きで動作が行われていることは、君たちも知っているよね。神経と筋肉の関わりが、君たちが悩む様々なダメージを招きもし、改善もするんだ」
少年たち「なにか凄い感じです！　勉強してみたくなりました！」
謎の男「そのシューズは君たちにプレゼントするね。BeMoLo《ビモロ》シューズといってね、日本やアメリカの病院や学校、そしてプロスポーツとか色々な場所で既に活用されているんだよ。これで、歩き方のマスターと共に、僕が創案したトレーニングができると改善が早いのだけれど……。スポーツの時も勉強の時も、履いているだけで脚や足だけでなく、肩や首も楽で疲れにくいので、頑張ってね！」
ご婦人「まぁ、何とお礼を述べれば良いのか……。お名前は？」
謎の男「名乗るほどの者ではございません。また、今は事情があって名乗れないのです。《著者》とでも呼んで下さい」
ご婦人「Fugitive（逃亡者）なのね。悪いことをされたの……？」
謎の男「いいえ、ギャグを飛ばす以外は。『原稿まだですか～、まだ～、スネてやる～』と私に付きまとう編集者からの逃亡なのです」

ご婦人　「そういうことだったのね！　お名前は《著者》ね……。英語では
Author《オーサー》。長く苦しんできた私たちには、オーサーマ～（王様）!!　という
感じ。苦しくて、『良くなるシューズが欲しーいの！　王子様！』って叫ん
でたのですのよ」
謎の男　「あっ、それはLittle Prince（星の王子様）ですね、この種のギャグへの
即応も私の特徴です。では馬を待たせていますので失礼します！」
ご婦人　「馬？　黒いハットに黒いマスク……」
謎の男　「(口笛）ピュ～」
ご婦人　「あー、あの方は〝怪傑ゾロゾロ〟だったのね！　私たち、主婦のアイド
ル！　キャ～、ゾロゾロちゃ～ん、行かないで～！」
謎の男　「大五郎、君が格好つけて急発進するので、僕は振り落とされたよ……イテ
テ」
白馬・大五郎　「ゴメン！　蹄鉄《ていてつ》は嫌。疲れる！　本名・小犬山コロにゃん、馬用の

BeMoLoシューズ作って！　あのシューズを履いて速く走れるようになったり、ジャンプ力や俊敏性の増した人間をたくさん見てきたもの……。

　馬のプライドをくすぐられちゃうんだ！　そして、何より、歩いても走っても疲れない、疲れ方がとても少ないって、皆さん仰《おっしゃ》ってるものね！

　僕は、いつも君の、口笛でピュ〜と呼び出される。その度に、身体中に、白いペンキを塗るので、疲労も倍増……！」

謎の男・コロにゃん「大五郎、白ペンキは、凝り性の君が、勝手に、やってるんでしょ！」

偽白馬・大五郎「何だ、バレてたの？　本物のゾロゾロが乗る馬の、毛並みの色は漆黒だものね。大好きな彼女馬がいるんだけれど、振り向いてもくれないんだ……。黒色の馬より、白馬が好きなのかと思ったんだ……。

　でも今回、気付いたよ。姿、スタイルではなくて、行動、生き方だって。そのためにも、コロにゃん、作ってね、僕用のシューズを……」

謎の男・コロにゃん「分かった、作ってあげるよ！　その前に、早く退散しないと

《怪傑ゾロゾロ》で通っている僕は黒装束、君の白いペンキが剝がれ落ちると黒いボディが一体化して、夏によく現れる、あの黒い昆虫によく似た『ゴ○ブ○ゾロゾロ』の巨大化生物と間違えられるよ」

偽白馬・大五郎「あの黒い虫！　粘着箱、苦手！　オラ、逃げるだ！」

謎の男・コロにゃん「僕を置いて行くな〜」

1　ウォーキングシューズを考える

この章では、これまでのシューズが持っている課題を確認しながら、理想的なシューズについて科学的に考察していきます。

ハイヒールに代表されるヒール系シューズや、クッション系シューズが身体に及ぼす影響について、これまで詳述してきました。同様にウォーキング用に開発されたというシューズにも、足底全体の柔らかさや厚さ、踵《かかと》の高さなど、合理的に歩くことに不向きな要素があることを確認することは私たちの身を守る手段となります。

例えばシューズの中には「どんな風に体重が乗っても衝撃を吸収できること」を目標としているものもあるようです。

人間の歩行スタイルに求めたいものは、軸脚で、地面を押し、前に（厳密には股関節、肩関節の角度と、力の方向を得て軸脚を基準とした「斜め前」に）移動することです。左右交互にこれを行うことが、バランスをとって真っ直ぐに歩くという動作な

のです。

ですから、シューズの機能の良否を考えるには、衝撃の度合いを測ることも大切ですが、それ以前に**地面を的確、合理的に押し**、反射的にでてくる反対側の脚をうまく誘導し、**その着地場所に乗り込めるかどうか**ということの方が遥かに重要です。

シューズは身体と一体化するだけでなく、「本来の身体機能」を高める道具であるべき、と私は考えてきました。

各関節、筋肉、腱、そして靭帯などの働きを高めたり、逆にその機能を奪うことにもなる道具です。また、足と脳、足の動きと脳内の感覚野、運動野など、中枢器官間の神経伝達速度や、その応答連関について密接な関わりを持っていますので、その重要性は増します。

また、「重いシューズが減量に効果的」との表現もありますが、**シューズの重量が、膝の前十字靭帯、後十字靭帯他、足のアーチ、足指に与えるストレスは少なくないので、**一考を要します。

結局、「脚を上げる」、「脚を振り出す」、「地面を蹴る」などの動作が、製作のデータベースとなったシューズでは、骨盤周辺、膝、足首、腰や肩にかかる負担を軽減することは難しくなります。

履きこなされたこの種の柔らかい靴底のシューズを調査して、踵部分の様々な減り方、激減に驚いたものです。また反発性の高いクッションの場合、方向の変わった強い反作用の力も受けますので、逆にバランスを取ろうとする動作とその意識が身体の緊張を招くことがあります。これは無視できない問題ですね。

2 スパイクシューズの問題

初動負荷トレーニング施設『ワールドウィング』や『(財)初動負荷トレーニング研究財団』には多くのプロやオリンピック選手から子供のスポーツ選手たちまでが集まってきます。

多くの選手たちの悩みの一つには、「スパイクシューズ」があります。土や芝、タータンの上を高速で動き、急に体勢を入れ替えることを求められる彼らから、次のような相談を受けることがあります。

「土や芝、タータンが絡《から》むように感じます。その都度、足指や足底、足首、膝、腰になんとも表現できない、嫌なストレスがかかったり、実際、誰とも接触していないのに、急に芝の上で膝や足首が動かないと思ったら、靭帯が損傷していました……」

「かといって、スパイクの歯やピン、ポイントピンが無ければ滑りやすいので……」

そうです！　スパイクの歯やピン、ポイントピンは滑り止めを目的に取り付けられたのが歴史上の事実です。この本来の目的を勘違いして「ひっかいて使う」などの動作を行ったり、芝や土をごっそり持っていくような動作やターンを行った途端、筋肉や関節が多大なストレスを受けることが少なくありません。

その瞬間に、股関節や膝、足首は限度を超えて強く伸ばされ、筋肉より強い素材で構成された、膝や足首、足指の靭帯の活動許容範囲を超えてしまうことがあります。

このようになると、靭帯は伸びきって、最後には断裂という事態を招きます。

理想的には、地面や芝やタータンを滑らないようにしっかり押さえることができ、その作業、動作を終える時には、土や芝に絡んで生まれる強い力から解き放たれた

い、そして離れる時の重心位置変化などで生まれる力を利用したいのです。これは、スパイクを考える上で重要なテーマです。

また、スパイクシューズ使用中に多い、**小指の骨折（第五中足骨骨折）の原因は、スパイクシューズの構造上、足の指が、特に小指が伸び難いことにあります。**

3　誤解の多いアーチ（土踏まず）

アーチ（土踏まず）は『筋肉でできている』と誤解されることが多いようです。実際には、筋肉より遥かに強い靭帯で構成されていて、そうでなければ、たくさんの骨、そして小さな骨の集合体である「アーチ」を保ちきれないのです。

筋肉はそれをサポートしています。代表的な例では、足の指側にある「短い筋肉群」は、中足骨（図5－1）が下方向に滑落することを防いでいます。しかし、この筋肉の「緊張」たるや大きなものです。また、足底部には、前述しました圧（感覚）受容器と呼ばれる「センサー」が存在しますので、ストレスに晒されたくありませ

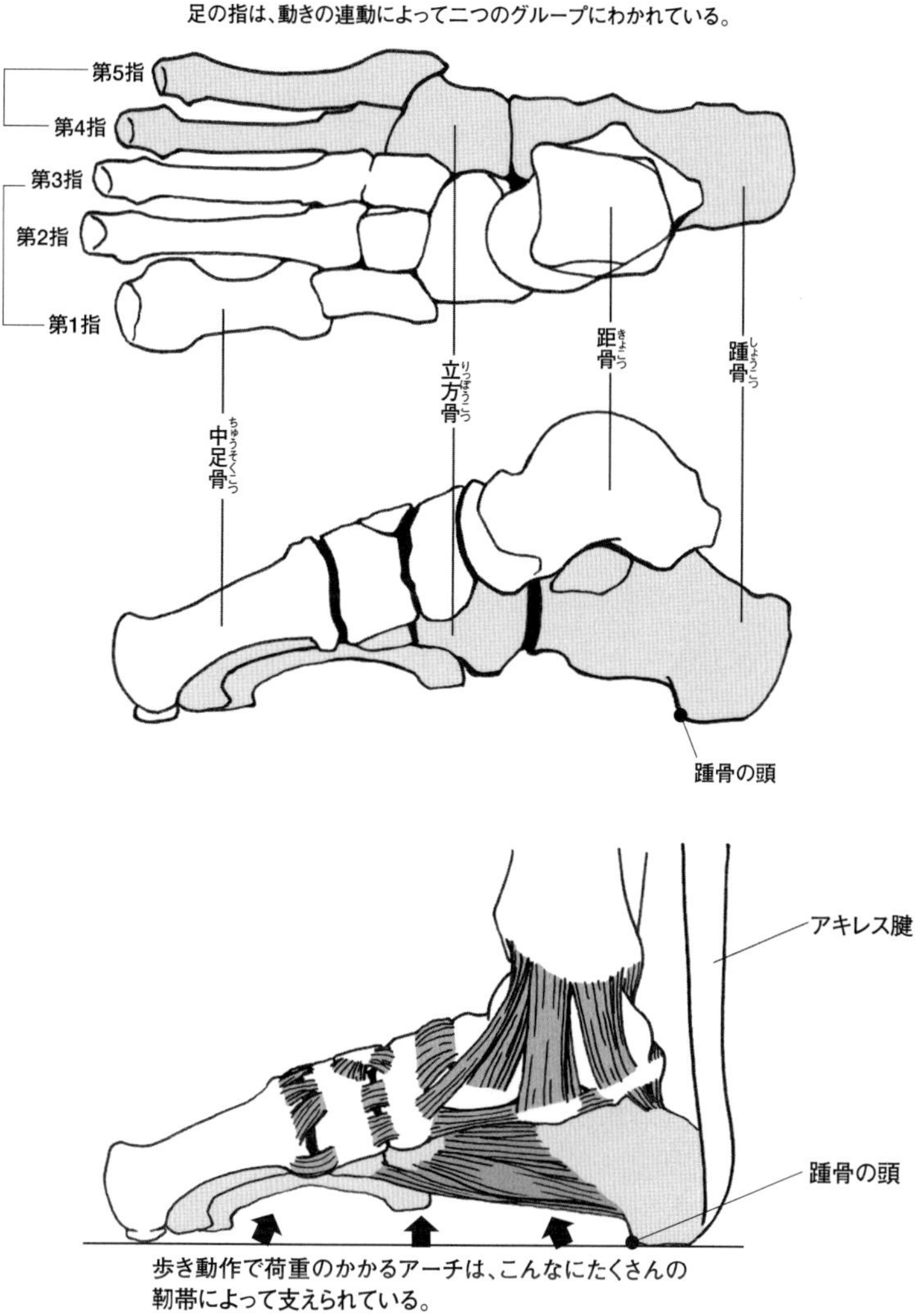
足の指は、動きの連動によって二つのグループにわかれている。
第5指
第4指
第3指
第2指
第1指
中足骨《ちゅうそくこつ》
立方骨《りっぽうこつ》
距骨《きょこつ》
踵骨《しょうこつ》
踵骨の頭
アキレス腱
踵骨の頭
歩き動作で荷重のかかるアーチは、こんなにたくさんの
靭帯によって支えられている。

図5-1　足の構造とアーチを支える靭帯

ん。

更に**足指が伸び難いことが人間の特性**ですので、シューズの構造によってはこの部分の骨折も多く、歩き方にも無頓着ではいられない理由の一つです。

この靭帯の特性について、私が師事し、また、共同研究者であるアメリカ・コロラド大学大学院のロジャー・M・エノカ博士の著書『Neuromechanics of Human Movement』の二一七〜二一九ページより引用致します。（訳：小山）

靭帯は、滑膜関節の安定性に大きく寄与している。靭帯の第一義的な機能は、関節で繋がる骨と骨とを関節をまたいで繋ぐことである。自由度の大きい、かつ可動域の大きい関節では、通常、複合靭帯は、多方向から働く引き剥がそうとする力に抵抗している。例えば、膝関節には四つの靭帯がある。前十字靭帯、後十字靭帯、内側側副靭帯、外側側副靭帯である。前十字靭帯、後十字靭帯は、それぞれ脛骨から引き剥がそうとする前後の変位に抵抗している。同様に、内側側副靭帯は外反膝と脛骨の外旋に抵抗し、その間、外側側副靭帯は内反膝と脛骨の内旋に抵抗している。（中略）靭帯は直接、骨か骨膜に付着し、様々な方向に向いている線維で構成される。（中略）更に、靭帯の負荷、変形特性は、平行に並ぶコラーゲン線維の数と長さに依存する。（中略）

これらは、靭帯の強度と特性の一部を表記したものです。靭帯は、骨や関節のストレスを解除することに優れた機能を持ちます。アーチ部分の靭帯も同様です。

4　踵の意味は？　シューズを履いた時の足指の曲がり

そもそも、何故シューズには踵があるのでしょう？　約四千人に尋ねました。

「前に進むのだから、踵を上げておけば、坂道を下るようなもので、重心が前に移動して進みやすい」

「踵から着地するのだから、そのショックを和らげないと膝への負担が大きくなる」

「昔からそうだから。先人たちの経験のたまもの」

「わからない」を除く回答の集約です。しかし、ハイヒールと身体の負担についての考察は既に述べた通りです。

神経活動は筋肉の活動と連鎖的に活動していますので、良きにつけ悪しきにつけ身体のバランスの変化は、瞬時に全身に及びます。

踵が高い上に柔らかくなっているものは、着地、離地の時の関節と筋肉の活動機序が乱れ、バランスをとっている膝、腰、首、肩のストレスは増すことになります。

これらは、筋電図による実験で確認することができます。（第六章、図6－10参照）

また、先人の知恵と言うなら、踵のない下駄や草履はどうなのでしょう？　少なくとも日本においては、踵の高い靴の一部日常的な使用は明治以降、西洋から導入されたものです。

「草履より機能的で足の保護性が高いこと、脚を振り出すことが歩くこと、そして着地時の踵の衝撃を吸収する」の考えに基づいたとも言われています。確かに足に何かが落ちてきた時や、刃物など、踏むと危険なものが地面に落ちている戦場では、足の保護の必要性は高いと言えます。西南の役でも知られるように、明治と年号が変わった後の、国内で度々起こった戦乱、国民皆兵に基づいた徴兵制度が踵のある革靴を普及させたと考える人もいるようです。

第四章で「足指の曲がり」について述べました。ここでは、踵と大変関係が深いシューズを履いた時の足の指の状態について考えてみたいと思います。

シューズの中で、足の指が伸びることが基本・理想です。しかし、シューズの設計そのものに、この視点を持つものと出会えず、私も苦しみました。足指が拡がらない(拡がり難い)、伸びない(伸び難い)、また、シューズを履くことで、その度合いが増すという実態は、これを放置すべきではありません。

このテーマの重要性を実感していただくために、足指全体を曲げて立ってみましょう。どうでしょうか? すぐに足首や脛《すね》、場合によっては膝や腰にストレスを感じないでしょうか。下半身のこのストレスから背筋、肩、首の緊張を訴える方もいます。(図5-2)

人間は二足歩行になって肩や腕、手指の自由を得ると同時に、二足で体重を支え、重力に抵抗しながら活動します。

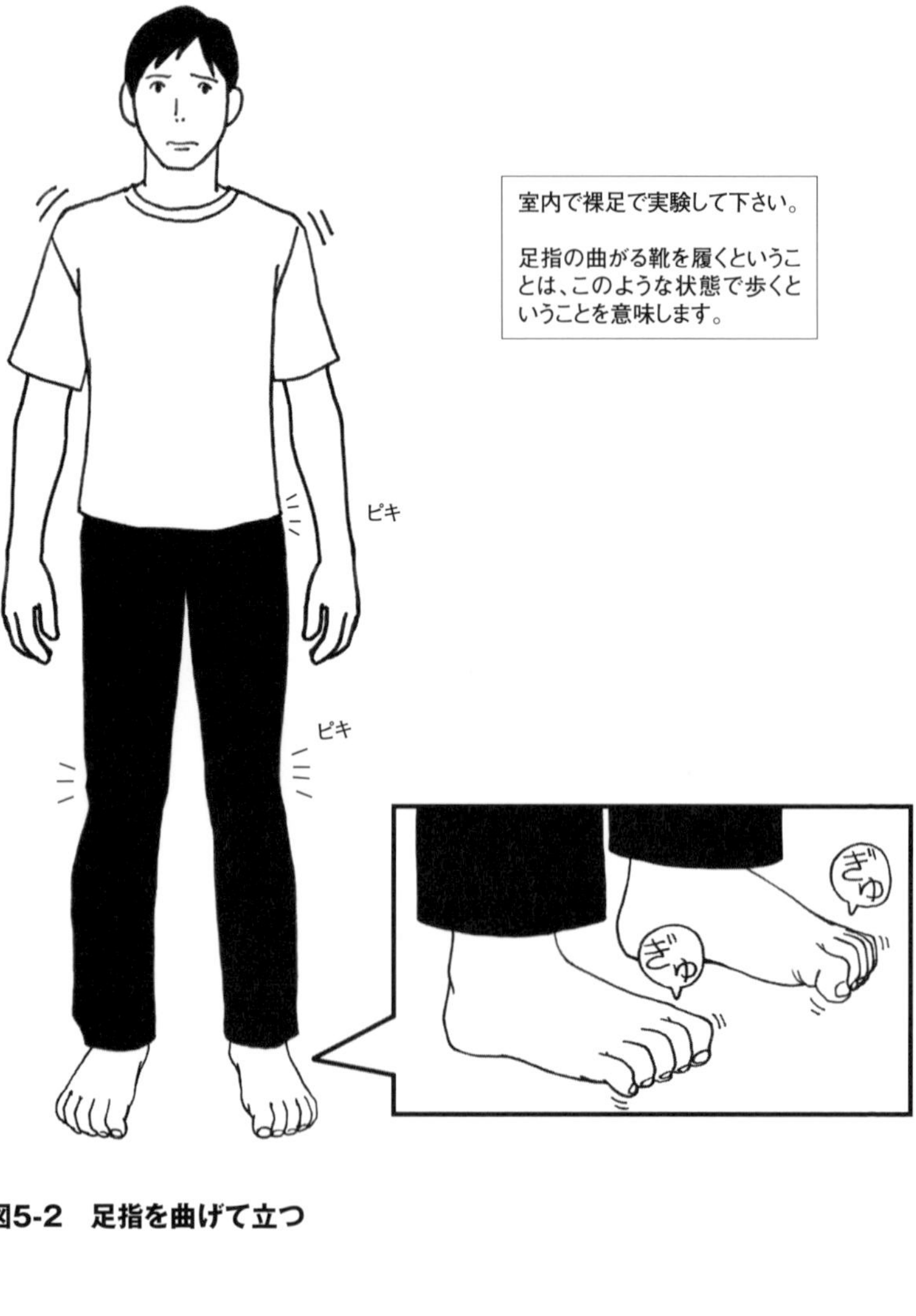
室内で裸足で実験して下さい。
足指の曲がる靴を履くということは、このような状態で歩くということを意味します。
ピキ
ピキ
ぎゅ
ぎゅ

図5-2　足指を曲げて立つ

「足圧中心が小指、薬指、拇趾球《ぼしきゅう》、親指へと順次移動する」ことが理想と考えられてきた通り、この順で足指が伸びれば、縦の動きも横の動きもスムーズなのですが、実際には、このような機序・順序を導くシューズと出会うことは困難なようです。中には、親指が「落ちるかのように」先に着地するシューズもあります。これを特徴とするシューズは、足指を伸ばさないどころか、神経と筋肉の活動機序を逆にしてしまいます。

これは、他の四指が本来の機能通りに着地するタイミングを失わせ、足指が曲がったままで一度反り返った後に強く着地する動作を誘発し、この動作中、親指、拇趾球の一ヵ所で身体を支えなければならない時間が長くなり、この強大なストレスが外反拇趾の大きな原因となります。同時に、股関節、骨盤の運動機序も変えますので、姿勢良く歩こうとすれば殿筋、腰部、背筋に強いダメージを与えることになります。

皮肉にも、この骨盤周辺のダメージを少なくする手段は、「肩を丸くして、猫背の姿勢」で歩くことです。もちろん推奨されるものではありません。

裸足の場合、小指から着地する傾向があります。と同時に、他の指が勢いよく床を叩くように着地することも特徴です。小指、親指、人差し指が、ほぼ同時に着地する方もいます。

しかしこの「特徴」が招く「圧」を中心としたストレスを回避して、小指からの着順の意識、意識動作の利用は有効です。いずれにしても、**このような裸足歩行の特徴を熟知することで、身体のバランスアップを図る、また、シューズで受ける可能性のあるストレス類を、裸足歩行で少しでも解除する方向性を得ることはとても意義のあることと考えます。**

5　靴底の違いによる足の指の動き方

ところで、踵が無くて、靴底の薄いシューズはどうでしょうか?

このようなシューズでも足首が内側に折れる(外反する)ことを誘導するものも少なくありません。巻頭の歩行動作解析比較図を見ると明瞭ですが、これらのシューズを履いても足、膝関節が不必要に曲がり様々な筋肉にストレスをかけています。要は前述しました「裸足の特徴」の中のロスしやすい動作を改善してくれて、裸足よりも良い機能性を持つシューズと出会うことです。

第六章、図6―10のシューズの違いによる下腿部《かたいぶ》の筋電図比較もご確認下さい。下腿部の筋活動は各々特徴的ですが、この部位の筋活動、関節活動の違いは、当然の如く、上体、上肢（腕）、首等に様々な影響を与えていることは、述べるまでもありません。

これらは、地面と接する靴底、足がダイレクトに触れる靴内の、インソール、そして踵部の形状の特性を示すものでもあります。

次に靴底の形状やデザインがどのように足の動き方と関わっているかを見ていきましょう。写真5―1、5―2は、私が、初動負荷理論、神経と筋肉及び関節の合理的な制御関係を促進するために研究開発したシューズ（BeMoLo）です。

足の第五指（小指）、第四指（薬指）、第一指（親指）の動きを合目的的に誘導し、本来、体重の数倍（※）に増す、着地時の負荷（荷重）の方向性を考えることで、自然に衝撃を分散すると共に、推進力を増し、足底のアーチ（土踏まず）を保護しています。フラット構造が特徴の一つです。（詳細は、第六章の8〜10参照）

※　歩行形態やシューズによって、この数値はかなり異なったものとなります。これまで、アバウトに伝えられてきた原因は、文字通り、「歩き方」の解明の困難さと、それに基づいたシューズ作りの歴史であったことが窺えます。

完全にフラットであってほしい部分

写5-1　BeMoLoシューズ（側面）

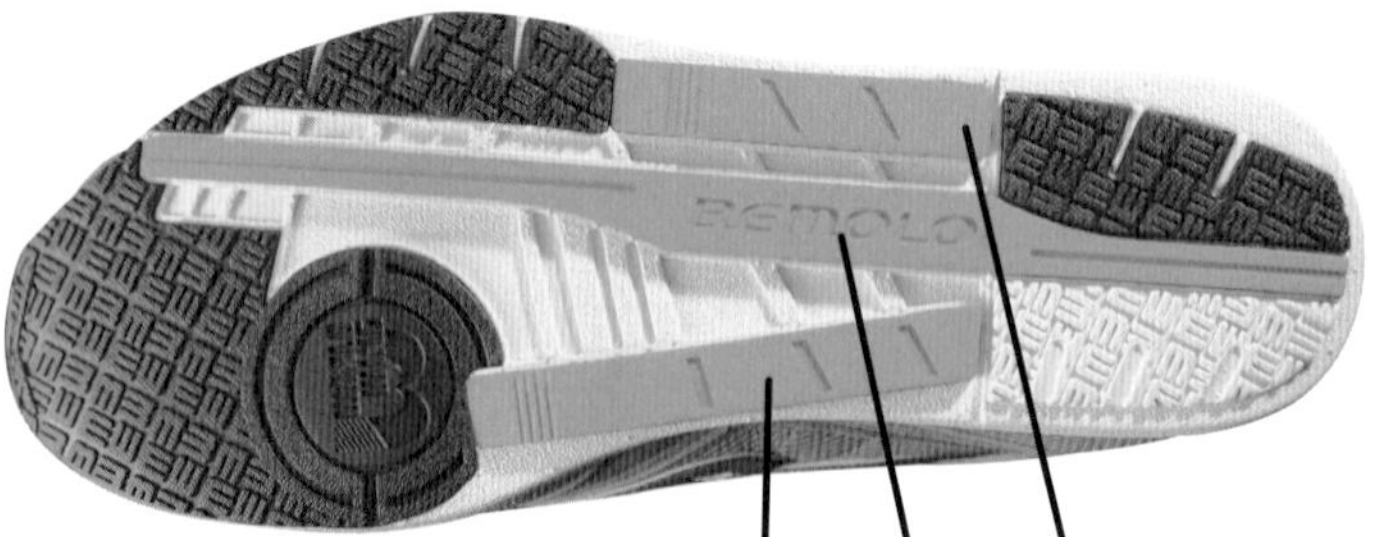
3本のバーは、指の動きに対応している
第1指
（親指）
第4指
（薬指）
第5指
（小指）

写5-2　BeMoLoシューズ（底面）

写真5－1は、横から見た写真です。ご覧のように、完全フラットが要求されるのは、「踵骨《しょうこつ》の頭」及び「くるぶしの近位（踵寄り）付近」から、各足指の**球**（拇趾球などで知られる）周辺です。これは、第七章で、歩き方のレッスンをすることで、よりその意味がクリアになると思います。

筋電図で比較すると、このシューズが筋肉のストレスを小さくしながら、合理的に活動させていること、本来的な機序、活動順を引き出していることが分かります。

更にこのような実験も行ってみました。靴のアッパー（足を包む部分）の足指部分を切り取って歩行する。また同様に各種シューズの靴底のみを伸縮性テープを用いて足と一体化させた状態で歩き、この間、足指がどのように動くかを高速度カメラで撮影しました。

結果は、踵の高い靴、高くて柔らかい靴の場合は、高い割合で親指から小指の順で着地していきます。しかも指は縮もうとする傾向が顕著でした。

アッパー（足を包む部分）が、足全体や足指を縮めたり、締め付けている、このように考える方は少なくありませんし、実際、その通りでもあるのですが、**その前に、**

靴底、靴中の形状が第一要因であるということを観察できた実験でした。

私が開発した神経と筋肉、及び関節との制御を促進するシューズの場合は、小指側から親指側に順に着地していき、足の指は伸びるように動きます。

では、この指の動きは何を示唆しているのでしょうか?

6　曲がった足指とストレス、ロス動作の連関を、手指で表現する

皆さんの身体を使った実験を行ってみましょう。

図5－3のように、机の上に右手を開いて置いて、体重を少し小指にかけて、小指、薬指、中指、人差し指と順に机を押さえ、最後は親指で支えてみましょう。身体全体が横に転倒しそうになります。小指からの順序よい着地が、無理なく大きな力を出せることの、一つの証明です。

この横方向と縦方向の移動は基本的に同じ意味を持ちます。

指を曲げたまま同じ実験を行うと、大きな力が出せず、指、肩、背中などにストレ

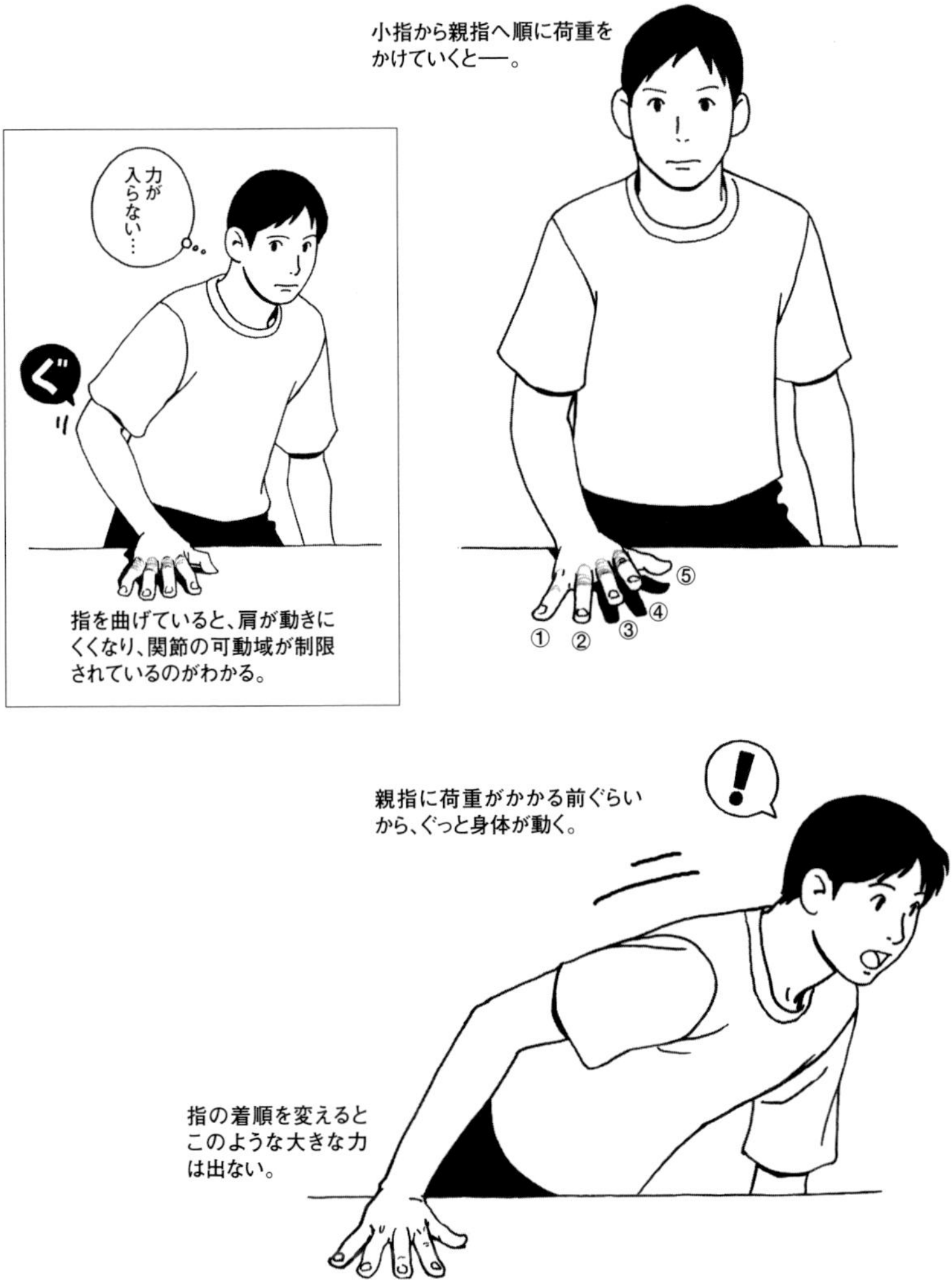

小指から親指へ順に荷重を
かけていくと──。
力が入らない…
ぐ
指を曲げていると、肩が動きに
くくなり、関節の可動域が制限
されているのがわかる。
①
②
③
④
⑤
!
親指に荷重がかかる前ぐらい
から、ぐっと身体が動く。
指の着順を変えると
このような大きな力
は出ない。

図5-3　圧のかかり方と指・関節可動域の検証

スを感じます。「足底・足指」に関しても同じ連関があります。

逆動作、つまり親指からの着地（机）では、上体を投げださせるほどの大きな出力は無く、動いている指、そして手首から先全体を押し潰すような力が発生します。手の指を曲げたままで親指から机に当てる、あるいは、親指を曲げながら机に当て、順次、人差し指を曲げながら……と実験を続けると、前述した以上のストレスとロス動作が生まれます。「足の動作」でも同様です。

これまでのシューズ作りでは、「人間の足指は曲がった状態を基準として、伸びないことを前提としていた」という一つの説があります。

そのような靴を履けば、足の指は、伸びたくても伸びない。前述の通り指を曲げた状態で立つと突然、反応が起き、脛・腰などに、感じるストレスとなって現れます。

足の指が曲がるような靴を履くと、様々な関節の動きや筋肉の活動が制限された歩き方になってしまうことは明らかです。

7　シューズと歩き方の解析

巻頭の歩行動作解析図は、私の所属する（財）初動負荷トレーニング研究財団・医師、スタッフチームで選んだ各種シューズを着用して歩行を行い、それを動作解析したものの一部です。比較精度を高めるために、財団研究室内に「歩路」を作り、一定の幅の中を歩行する様子を二台のデジタルビデオカメラで撮影し、専用のコンピュータで解析しました。

着地時の膝の曲がり角（度）、頭部、肩の位置、腰部の屈曲角（度）の違いが明確に見てとれます。⑤以外は、全て足（踵）を振り戻して着地していることも特徴的です。

また、一般的な歩行時には、重心（骨盤の少し上の前方にあると考えて下さい）が、着地した足（シューズ）に乗り込む時、膝関節が大きく曲がる必要はありません。大きく曲がると、膝の屈曲（曲がり角度）に対するバランス維持のための、膝や腰、肩、首へのストレスが大きくなります。

私は、これまでの研究から、『関節感覚受容器』と呼ばれる大切なセンサーが集中する膝関節へのストレスを高めないことの重要性を提起したいと思います。

振り出した脚を振り戻し、その踵をガツンと着地して体重移動を行えば、踵が着地した瞬間、反射的に足指部が着地し、その時、脚全体を押し潰すようにして、膝関節が前方に送り出されます。歩行ではなくその場で、軽く振り戻して踵着地をすると、これだけで前腿、膝関節にストレスを感じます。繰り返せば繰り返すほどに、前腿の緊張は増し、膝関節も悲鳴を上げるようになります。これはオスグッド病の原因、膝関節内の前十字靭帯にダメージを与える大きな要素でもあります。一方、脚を振り出したまま、つっぱるように踵を当てる着地を繰り返すと、アキレス腱、ふくらはぎ、膝関節の後十字靭帯などにストレスを与えます。

前述の、ヒール系、クッション系のシューズ及び、ヒール・クッション系のシューズを使用すると、このストレス、ダメージが増すことが分かります。但し、実験的に行う場合には十分な注意を持って行う必要があります。一般的には、従来の歩行動作とシューズで、前記のような状態、形態が既に現れていることが多いのですから。

また、筋肉などの軟部組織や、関節の滑液は、材質の特性で、静置すると「固化」し、揺り動かしたり、適切な角度や速度を得た外的な力を与えると、軟化、液状化し、また静置すると固まるという性質を持ちます。これをthixotropy（揺変性）と呼びます。reclotting phenomenon（再凝固現象）とも呼ばれます。

これが、運動前のウォームアップが推奨される要因の一つです。つまり、組織や材質の粘性（ねばりけ）が減少すると、速い速度の運動による筋肉の引き伸ばしにも適応しやすく、粘性レベルが高まると、腱や靭帯がストレスを受けやすくなります。参考までには、「ゆっくり筋肉を引き伸ばす」ような運動であれば、靭帯と骨の結合部のストレスが増します。

しかし、どのように準備運動をしっかり行った後でも、合理的でない歩行動作を行えば、たちどころに、関節・筋肉の粘性が増し、固化して行きます。歩くほどに「硬くなる」という現象は、この大きな一例です。動作が引き起こすもの、シューズが必然的に喚起するもの——。二十一世紀の私たちの時代に解決したい問題の一つです。

8　一分でできる良い靴の選び方

ここまで、シューズの良否について、科学的に検証してきましたが、じつはごく簡単にご自分で選ぶことができる方法があります。時間もほとんどかかりません。イラスト（図5-4）にまとめてありますので、ご覧ください。

例えば新しいシューズを購入するといった時にチェックしてみましょう。まず普段履いているシューズで、①、②の動作を行います。次に、買いたいシューズを両足とも試し履きして、何歩か歩いてから、再度①、②を実行してみて下さい。

前より楽に腕が上がったり、前屈も容易になるようであれば、そのシューズは相対的に、良いシューズと言えます。実際、ヒール系シューズやクッション系シューズから、本当に正しいバランスのシューズに変えた時の変化の大きさには、多くの人がショックを受けます。そしてそれは、裸足よりも楽に動けることが分かると、なおさらです。

①両腕を上げていく。
すぅ
無理して上げようとしたり、首を前に倒したりしてはいけません。
耳を基準にしてどこまで、無理なく動くかをチェックします。
②前屈をする
靴を変えるだけで、変化が出ることがわかれば、前屈への苦手意識も変わります。

図5-4　1分でできる良い靴の選び方

第六章

魔法使いのシューズと科学使いのシューズ

ジェシーとボブの燃え上がる愛の物語

ジェシーも以前から関節や筋肉のストレスを持っていたのですが、超踵高《かかとだか》ハイヒールを初めて着用したことが引き金となったのか、仕事中や日常生活中のダメージの増加に悩んでいました。そんな時、彼女のある思いつきが画期的な歩き方とシューズとの出会いを招くことになります。

ジェシー「今回の色々な体験や、ボブと考え合ったことがきっかけとなって、会社の人たちと、このテーマについて話をする機会が増えたの。みんな、肩、首、腰、膝に何らかのストレスを持っていて、酷い方は突然の胃痛、頭痛、めまいに襲われるんだって。外反拇趾《がいはんぼし》の悩みも、予想を超えたものだった……。職業病って、言われてるけれど、普段の歩き方や、シューズと関係しているんじゃないか、ということが、更に明確になったような気がするわ」

ボブ　「僕の勤務先のテレビ局もまるで同じ状態。皆さん苦しんだり悩んだりしている。僕はその上、《シューズはヨーロッパ文明が作った！》、例の企画でフラストレーション一杯。ジェシー、日本にはウォーキングとシューズの良い本がないのかな……」

ジェシー「あっそうだ！　留学中お世話になった〝ねこじおじさん〟に相談してみるわ！　ねこじおじさんは、日本の出版社に勤務してるの。電話してみるね！」

ねこじに電話するジェシー……。

ジェシー「ハロー！　ねこじおじさん！　お久しぶり〜。お元気!?」
ねこじ「やぁジェシー、久しぶりだね。元気にしてる？　仕事にも慣れた？」
ジェシー「ありがとう！　楽しい毎日なんだけれど、胃が痛いことがあって……」
ねこじ「そりゃ大変だ！　良い胃薬を送ろうか？　僕も元気なんだけれど、頭と胃が痛い毎日。原稿がなかなか入らないんだよ……」

ジェシー「まぁ！　どの国でも編集者は大変よね！　ねこじおじさん、ウォーキングの本を探しているのだけれど、私の国には良い本がないのよ……。日本にはあるの？」

ねこじ「……どこの国も同じみたいだね。日本でもウォーキングのテキスト・ブックが溢れているけれど、僕が知る限り、これっていうものは無いし、シューズもね。身体の張りや痛みに悩んだ日々さ、でも、これも今では過去形だけどね！」

ジェシー「過去形？」

ねこじ「ある研究者と、新しくウォーキングとシューズのテキスト・ブックを作ってるんだ！　まだ途中の原稿段階だけど、それで良ければ送ろうか？　最新科学を面白く分かりやすく書いてるから。論文も送ろうか？

それとね、世界的に注目されている理論を基に、その研究者が発明された、画期的なシューズが、日本でもアメリカでも話題なんだよ！　着用モニター数は既に四千人を超えて、科学的検証の結果も凄いんだよ！　今までには無かったシューズで、履くと、張ってた部分のストレスが抜けたり、このシューズを履いて椅子に座る、つまり、ジェシーや僕に多いパソコン打ちやデスクワーク中の、辛い首や肩の張りも発生しにくいんだ」

ジェシー「凄い！　ぜひ送って。論文とその本を書かれ、シューズを発明された方のお名前は？」

ねこじ「小山裕史《こやまやすし》先生という方。ペンネームとハンドルネームが《小犬山コロにゃん》。ご自分では『小犬山コロにゃんが本名』だっておっしゃっている。この方が今、僕の元から逃亡中の研究者。

しかし、どこに行ったのかな〜、連絡がつかないんだ……。ともかく今、話した原稿とシューズを、最速便で送るからね！」

ジェシー「どこかで聞いたことのあるお名前ね……。ねこじおじさん、楽しみに待ってるね〜〜」

ボブ「連絡が取れて良かったね。でも『猫』に『小犬山』ってどんな関係なんだろう？」

ジェシー「私も同じことを考えたのだけれど、ねこじおじさんの話では、いつも研究や指導の現場に居て、科学的研究と、動作の合理化、ストレス解除や、麻痺改善研究に没頭してるって……シューズも研究開発されたそうよ」

ボブ「素敵だね！『物質や物の理』というか、科学や哲学ができないと表現も具現化できない世界ってあるものね！ジェシー、今、考えてたんだけれど、普段のシューズだけでなく、スポーツ選手の使用するスパイクシューズは、芝や土をしっかり掴める、と表現してるよね。

ものによってはスパイクシューズも、故障や、動作ロスの一つの原因だと思う。

元々は滑り止めのために考案されたのじゃないかと思うんだ……。芝や土をしっかり摑み、ターンをしたり、走ったり、ボールを打つために、身体を捻《ひね》れば特に、足や膝の関節・筋肉ストレスは甚大だと思うよ。だって、スパイクの歯やピンは、芝や土に絡むものね！それだけで凄い捻《ねじ》れの抵抗力が関節や筋肉に働くもの。サッカー、野球、ゴルフをやった後の芝や土はボロボロ……。芝や土もかわいそうだし、維持費も大変。

そうじゃないスパイクができると、公営の施設も民間の施設も莫大な維持管理費が大幅に削減されて、有益なんじゃないのかな？　そんなスパイクを作ることは無理だと言われるだろうけれどね」

ジェシー「実際に、『芝養生のため使用禁止』とか、『芝や土が荒れましたので使用禁止』っていう掲示板もよく見かけるわ。

ボブが話した滑り止め効果があって、身体にストレスをかけないスパイクシューズもミスター・小犬山コロにゃんが発明したって！　芝や土が傷まないし、その上というか、その分、身体も楽でスピードも上がるって、ねこじおじさんは興奮してたわ！　それだと今までよりも、もっとたくさんの人が施設を利用できるわね！」

1　ワールドウィング本部

前著『「奇跡」のトレーニング』でもお伝えしましたが、私が代表を務める初動負荷トレーニング施設ワールドウィング本部（鳥取市。以下、ワールドウィング本部と略）への来訪者の方々は多様です。スポーツでは、海外、国内各地から訪れるプロ、オリンピックに代表されるトップ選手から、アマ、小学生のアスリートまで。

来訪の方々の主目的は、動作、フォーム改善、故障改善。そして以前より一部医学界でも知られていました、麻痺改善効果の高さを求める方々、この方々を引率される医師と、「多様さの限度がない」とも表現されているようです。

この中に、本トレーニングを求めてお集まりになる、高齢者の方々の増加が話題となって久しくなります。

これもその要因なのか、いつしか、「世界でも類をみないトレーニングと研究の施設」と呼ばれるようになります。訪れて下さる方々の幅の広さと「目的の多様性」、そして集まる方々の優しさや明るさ、施設の科学性から「近未来コミュニティ」と表現するマスメディアもあります。近未来だけではなく、過去も現在もそうなのですが。

このような経緯から、臨床的に確認される初動負荷トレーニングの効果を深く検証し、科学表記して世界に伝えていくべきという、うねりにも似た、多くの方々の熱意と有志の方々のご協力の中で誕生したのが、（財）初動負荷トレーニング研究財団（※）です。

2　研究・「早稲田大学大学院と（財）初動負荷トレーニング研究財団」

私には二つの研究場所があります。一つは、早稲田大学大学院人間科学研究科・博士課程——健康・生命医科学研究領域。主専攻は、神経筋制御、運動制御、バイオメカニクス（生体力学）です。

もう一つは、前出の（財）初動負荷トレーニング研究財団。この財団は動作改善、故障改善、麻痺改善の研究機関で、共同研究を続ける医師（財団理事）や、科学者と

※　初動負荷トレーニング研究財団は、発展的に解消され、研究についてはB.M.L.T.生命医科学研究所に引き継がれています。

の研究を続けると共に、財団のもう一つの役割である、初動負荷トレーニング指導士の人材育成に努めています。私はこの研究財団の主任研究員という立場にいます。

3　研究・初動負荷理論――こんなことができれば

初動負荷理論（Beginning Movement Load Theory）は、私が創案し、一九九四年に発表した理論で、動作理論と神経生理学の分野に基づいています。

「動作の最初の負荷？」、何だかいかめしく、大変そうに響くかもしれませんが、その類ではありません。発表当初は、誤解・誤認による反発もありましたが、やがてスポーツ界だけでなく医学界からも、様々な麻痺疾患の改善、故障改善の効果の高さに反響を頂くことになります。そして十年あまりの月日を経て、高齢者のトレーニングにも適した、神経系の機能、身体機能を高めるトレーニングとして、様々な機関に採用されることになります。

【筋肉の《弛緩－伸張－短縮》の一連の動作過程を促進させるとともに、その拮抗筋ならびに拮抗的に作用する筋の共縮（※）を防ぎながら行う運動】

これが、この理論の定義の一つです。

検証されている効果としては、神経・筋機能（相反神経支配）の亢進、神経筋制御の調和・亢進反応、関節可動域の増大、筋肉の柔軟性の増大、関節部のストレス減少、疲労物質の除去等が特筆されます。

不合理な動作は、身体中に無数に存在し、痛みに代表される、色々な情報を感知して脊髄や脳に送るセンサー組織（代表例は筋肉にある筋紡錘《きんぼうすい》）に不必要な緊張を生み、脳を含めた身体各部の機能を乱し、これが疾病・故障の発生、そして麻痺疾患が改善されない原因ではないか、更には、強くセンサー組織を緊張させなくとも、生体を司る神経系と筋肉の合理的連関活動によって、合目的的《ごうもくてきてき》でしなやかで、大きな力が出せるのではないかという仮説を立てます。本書の性質上、一例しか上げられませんが、**「動作初期に適切な負荷を与えることで筋肉が弛緩（リラックス）され、筋肉の低い張力の中で、タイムリーな短縮活動が起きれば、センサー装置そのものも賦活化《ふかつか》さ**

※　共縮（Co-contraction）　関節を伸ばそうとする筋肉と曲げようとする筋肉が同時に活動するような状態を指します。また、身体の対角線にある筋肉にも起こりやすいものです。

れ、情報を脳や脊髄に速く送れ、脳や脊髄の指令を受けた身体各部位が反応し、神経系を発達させる――これらが麻痺改善効果も生む、そして動作の精緻《せいち》さを高める」

という考えでした。しかし、通常の動作やトレーニングでは実現は困難。

その困難さを示すかのように「負荷を与えることで筋肉が弛緩（リラックス）するなどあり得ない、こんなことができれば……」と論評されます。

しかし、私はこれを実現するB.M.L.カム（初動負荷カム）を用いた種々の初動負荷トレーニングマシーンとして具現化し、特許も取得しました（※）。

また、聡明なイチロー選手に『神経筋機能の向上や神経筋制御』について質問を頂き、

「チーターやピューマ、身近にいる犬や猫はアップもストレッチもいらないのに、急にジャンプやダッシュもできる、なのに肉離れや捻挫などと聞かないよね」

と応じる私。イチロー選手はニコッと笑いながら、

「人間だけ故障してますね……。アップやストレッチをけっこうな時間やっているのに」

※　すでにこのマシーンを使った麻痺改善効果が多数検証されています。このB.M.Lカムを用いた初動負荷トレーニングマシンにつき二件の特許（特許4063821号、及び同第4063827号）も取得しています。

このような話題を前著でお伝えました。重なってきましたでしょうか。神経・神経系が生体を動かし、それは重要かつ複雑で、そして解明されていないことの多さが「ブラックボックス」にも「ブラックホール」にも例えられる所以《ゆえん》です。「B.M.L.T.（初動負荷理論）」は、これらの解明に寄与すると国内外で表現されています。この研究は実に膨大なテーマと量を持っています。

4　研究・世界で初めての筋電図データ

『動作初期に適切な負荷を与えることで筋肉が弛緩（リラックス）され……』を可能にした、B.M.L. カム（初動負荷カム）を用いた専用マシーンと、従来の一般的なマシーンの動きを再現すべく、B.M.L. カムが機能しないようにしたマシーンとで、比較検証を行いました。通常、このような範疇《はんちゅう》での比較検証では、顕著な差異が現れることは少ないとされています。しかし、次に見る検証実験での顕著な差は、何を物語るのでしょうか。

ここからは、私のこの研究と、その検証を早稲田大学大学院・修士論文にまとめたものを引用しながら、《闇、ブラックボックス、ブラックホールと呼ばれた歴史を開いた》とされるテーマを考察したいと思います。

B.M.L.カムは、負荷の漸増・漸減を誘発し、身体の合理的な三次元運動を引き出し、関節の自由度を増すことが特徴の一つです。

従来のトレーニングでは運動中の負荷は増大、漸増し、関節や筋肉のストレスが大きく、神経筋制御、神経筋機能を促進する動作の切り返しが、うまく行われません。

第四章で述べました「近位から遠位」へ、という合理的な筋活動が現れているデータが、B.M.L.カムマシーンを用いた動作（写6－1）を測定した筋電図A（図6－1）です。

筋電図A（図6－1）では、特徴的なポイントが、いくつか見て取れます。

身体の中心部の筋肉である前鋸筋《ぜんきょきん》（肩甲骨内部から起こり、肋骨に止まる筋肉。パンチを打つための筋肉として知られています）、広背筋が先行活動していることがわかります。

肩、腕を使用する動作は『引く動作』と間違えやすいものです。このことから、力

※　ドッジムーブメント（Dodge Movement・かわし動作）　命名者は、小山裕史。「上肢帯、上肢骨の伸展・屈曲時に捻り運動を加えた動作。」と定義した（小山の修士論文）。初動負荷トレーニングの特徴の一つ。

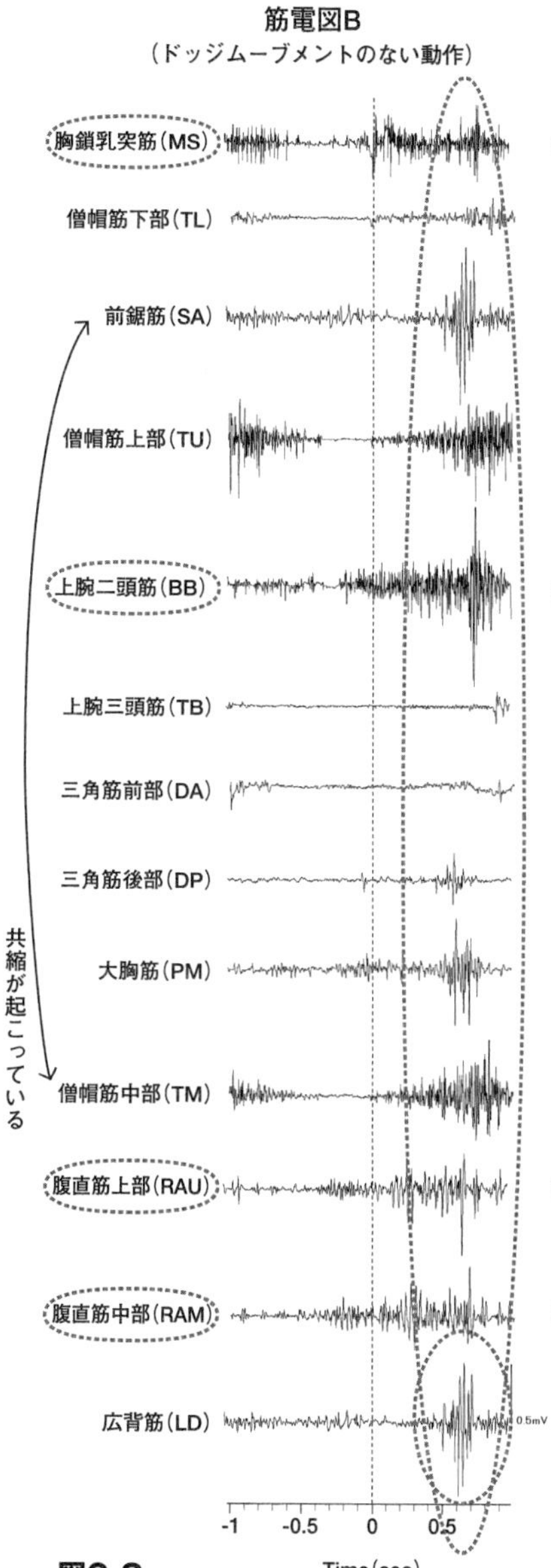
筋電図B
（ドッジムーブメントのない動作）
胸鎖乳突筋（MS）
僧帽筋下部（TL）
前鋸筋（SA）
僧帽筋上部（TU）
上腕二頭筋（BB）
上腕三頭筋（TB）
三角筋前部（DA）
三角筋後部（DP）
大胸筋（PM）
僧帽筋中部（TM）
腹直筋上部（RAU）
腹直筋中部（RAM）
広背筋（LD）
0.5mV
共縮が起こっている
-1
-0.5
0
0.5
Time（sec）

図6-2

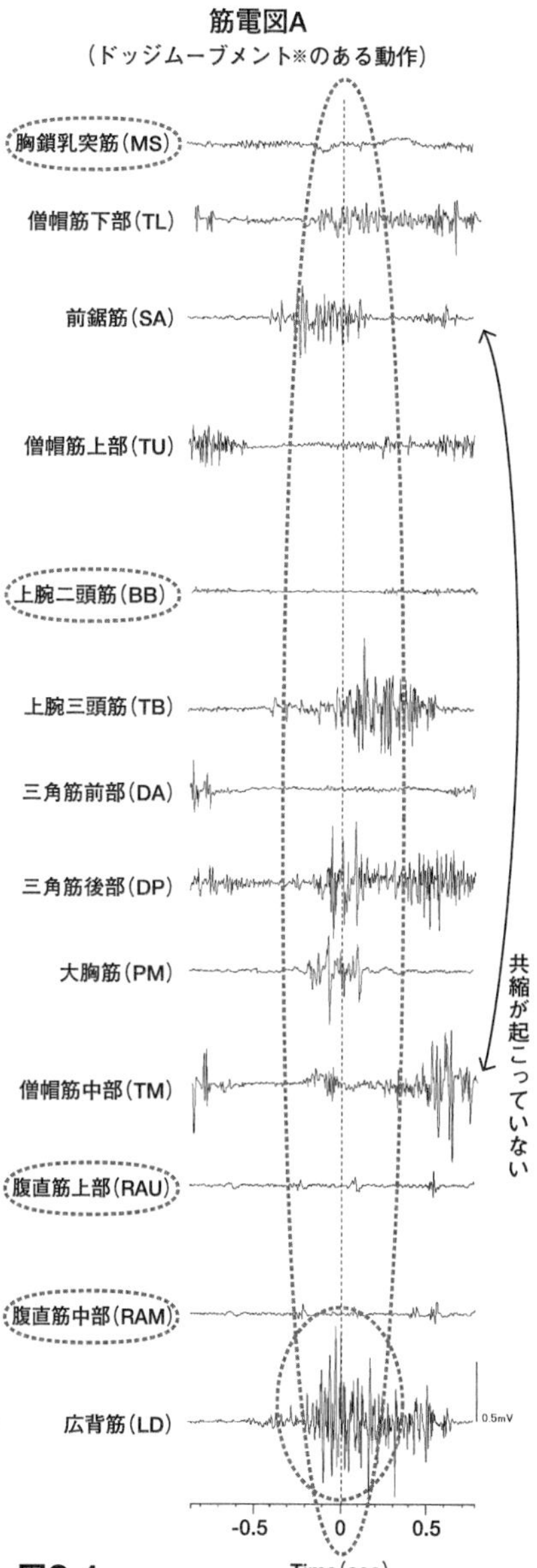
筋電図A
（ドッジムーブメント※のある動作）
胸鎖乳突筋（MS）
僧帽筋下部（TL）
前鋸筋（SA）
僧帽筋上部（TU）
上腕二頭筋（BB）
上腕三頭筋（TB）
三角筋前部（DA）
三角筋後部（DP）
大胸筋（PM）
僧帽筋中部（TM）
腹直筋上部（RAU）
腹直筋中部（RAM）
広背筋（LD）
0.5mV
共縮が起こっていない
-0.5
0
0.5
Time（sec）

図6-1

写6-2
ドッジームーブメントなし

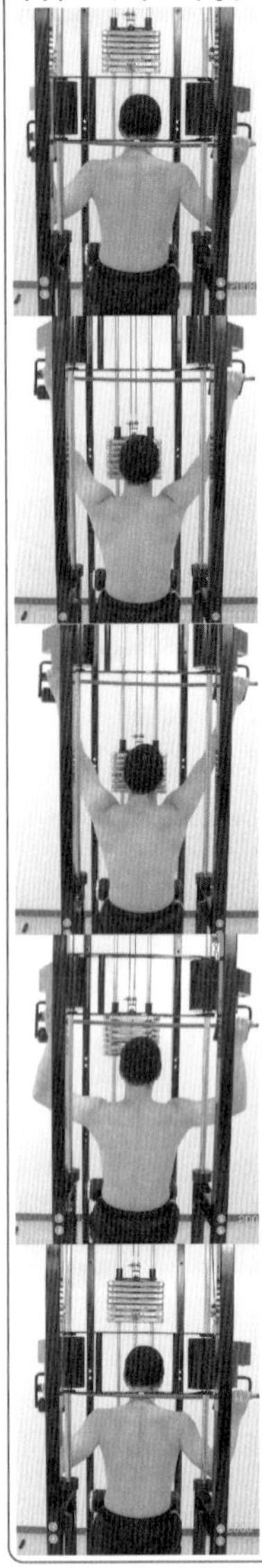

写6-1
ドッジームーブメントあり

図6-4　正面図　　　図6-3　背面図

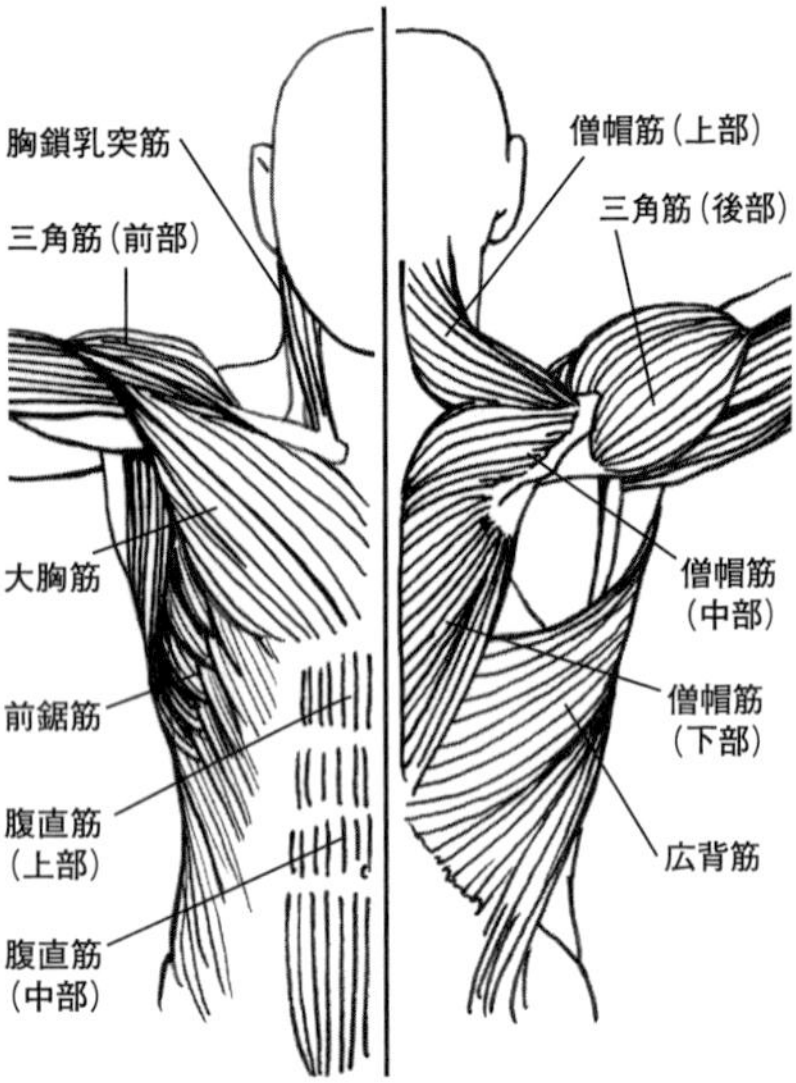
胸鎖乳突筋
三角筋（前部）
大胸筋
前鋸筋
腹直筋（上部）
腹直筋（中部）
僧帽筋（上部）
三角筋（後部）
僧帽筋（中部）
僧帽筋（下部）
広背筋

図6-5　上腕二頭筋と上腕三頭筋

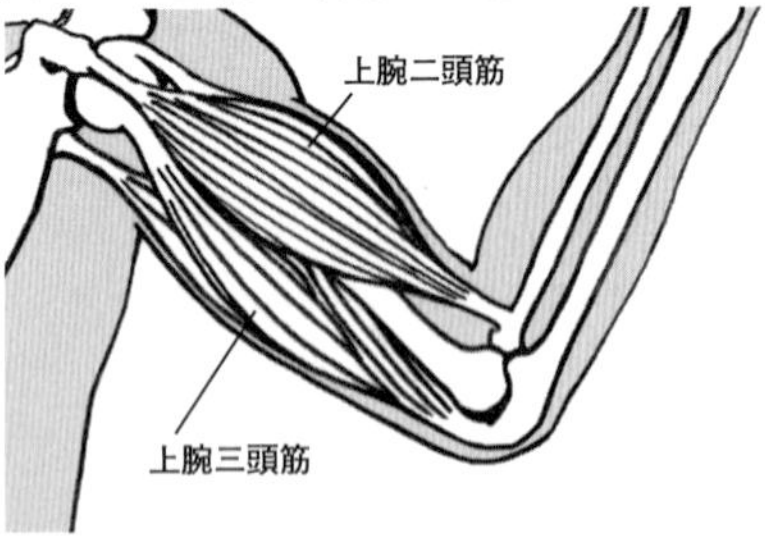
上腕二頭筋
上腕三頭筋

写6-1は、B.M.L.カムマシーン（PAT）により、理想的なドッジムーブメントが誘発され、肩甲骨がダイナミックに動く。

写6-2は、カムの機能をほぼ完全に制限した一般的な引き下ろし動作。

こぶの筋肉として知られる、**上腕《じょうわん》二頭筋《にとうきん》**の活動が予想されます。ところがこの運動では、

《上腕二頭筋はほとんど活動しないか、あるいは、この筋肉の弱い筋活動が起きるのみで、肩関節、肩甲骨、鎖骨を中心とした運動時には、上腕二頭筋の活動が抑制される（筋肉の活動が抑えられる）ことで、肩や首の神経筋制御、神経筋協応能が亢進する要因となる》

というのが私が立てた仮説の一つでした。

筋電図A（図6－1）が示すように、実際に上腕二頭筋の筋活動はほとんど起こりません。筋電図B（図6－2）と比較をすると、明瞭、顕著な差が分かります。先述のように筋電図Bは、従来の懸垂運動や、『引く動作のマシーン』を再現すべく、B.M.L.カムが機能しないようにしたもののデータです。

下部、中部、上部の三区画に分かれる**僧帽筋**が、この順で活動すると合理的、理想的で、首の筋肉として知られる**胸鎖乳突筋《きょうさにゅうとっきん》**の緊張を防ぐことができます。しかし、現実には大変困難で、肩凝り、首凝りが起こり、これに因む偏頭痛などの発生は、よ

く体験するところです。筋電図B（図6－2）が示すように、この筋肉の機能的活動順が変わると、同時収縮、つまり共縮が起きると共に、首の筋肉が緊張します。

これが、前記以外にも様々なストレスとして身心の不調を招くことは、よく知られるようになってきました。また、**僧帽筋中部**は「肩を開く筋肉」、**前鋸筋**《ぜんきょきん》は「肩を閉める筋肉」なので、この二つの筋肉が共縮を起こさないことは不可能と言われてきました。

この二つの筋肉は、大切な**呼吸を助ける筋肉**でもあり、脳への影響が高いことから、二つの「同時収縮（共縮）が無くなれば、人類は楽になるのだが、互い違いに働く機能を考えても、どんなことをしても共縮を防ぐことは不可能」とされました。しかし、どうでしょう。データが示す通り、**同時収縮（共縮）**を見事に避けています。

このような筋活動を起こすことができれば、神経筋制御、神経筋機能にも有利です。

この他にも、たくさんの新事実が見てとれますが、本書の目的とは異なりますので、この辺りで筋電図の考察を終えます。

《世界で初めての筋電図データ》と表現されるのは、B.M.L. カムが誕生するまで、このような筋活動を引き出すことができなかったためです。中には、「仮説の証明どころか、この仮説すら生まれなかったであろう」と表現する医師や研究者も少なくありません。

5　フォース（Force）　発生する力

英語のフォース（Force※）とパワー（Power※）は、日本語ではどちらも「力」と訳されるため、混同されがちです。

資料（図6－6）は、上記から順に、筋電図A・Bの運動中の手首のポジションの変化、速度、F（フォース）、P（パワー）を示しています。

フォース（F）が高まるということは、『筋活動が増大し、動作の加速度が高まる』また、パワー（P）が増大するということは、これにスピードが加わっていることを意味しています。そして、これらの合理的な亢進は、運動ニューロン（神経細胞）活動が漸増することを示します。

※　一般的には、Force=ma（質量×加速度）、Power=F（ma）×S（speed）と表記されます。物理学では、Powerは『仕事率や電力』、Forceは『力』と訳され、仕事率は、「力を変位で積分し、更に時間で微分したもの」です。

人間の合理的活動において、動作の切り返しの手前でフォースをピークに高められるかという大命題があります。

つまり、投球、バッティング、ゴルフでのトップポジション（あるいは、その近く）、歩く、走る動作では、着地から反対脚が前に出る手前のポジションで、フォースをピークに高め、これらを利用して切り返し動作を行い、投球方向、バットやクラブがボールの方向に向きを変えると、これまでに生まれた力をロス無く使って、末端部及びバットやクラブを加速させやすいからです。（※1）

図6－6から、B.M.L. カムマシーンではそれが実現され、一般的装置では、切り返し点を過ぎてからピークが現れ、しかも、発生する力（フォース）が「低値」であることが分かります。

図6－6の中央の破線部分は、動作切り返し点を示しています。

これらの特徴は、B.M.L. カムマシーンでのトレーニング後は、「肩が回りやすい」「一気に投げられる」「バットやクラブを楽に精度高く振ることができる」などと表現される、神経筋制御に則《のっと》った合理的な運動が引き起こされたために神経筋協応能（※2）

※1　このように考えると歩く、走る力は「着地脚（支持脚）が作る」という、これまでの解説が更に理解しやすいのではないでしょうか。

※2　神経と筋肉の協調性。協調しあって高まる調整能力などのこと。

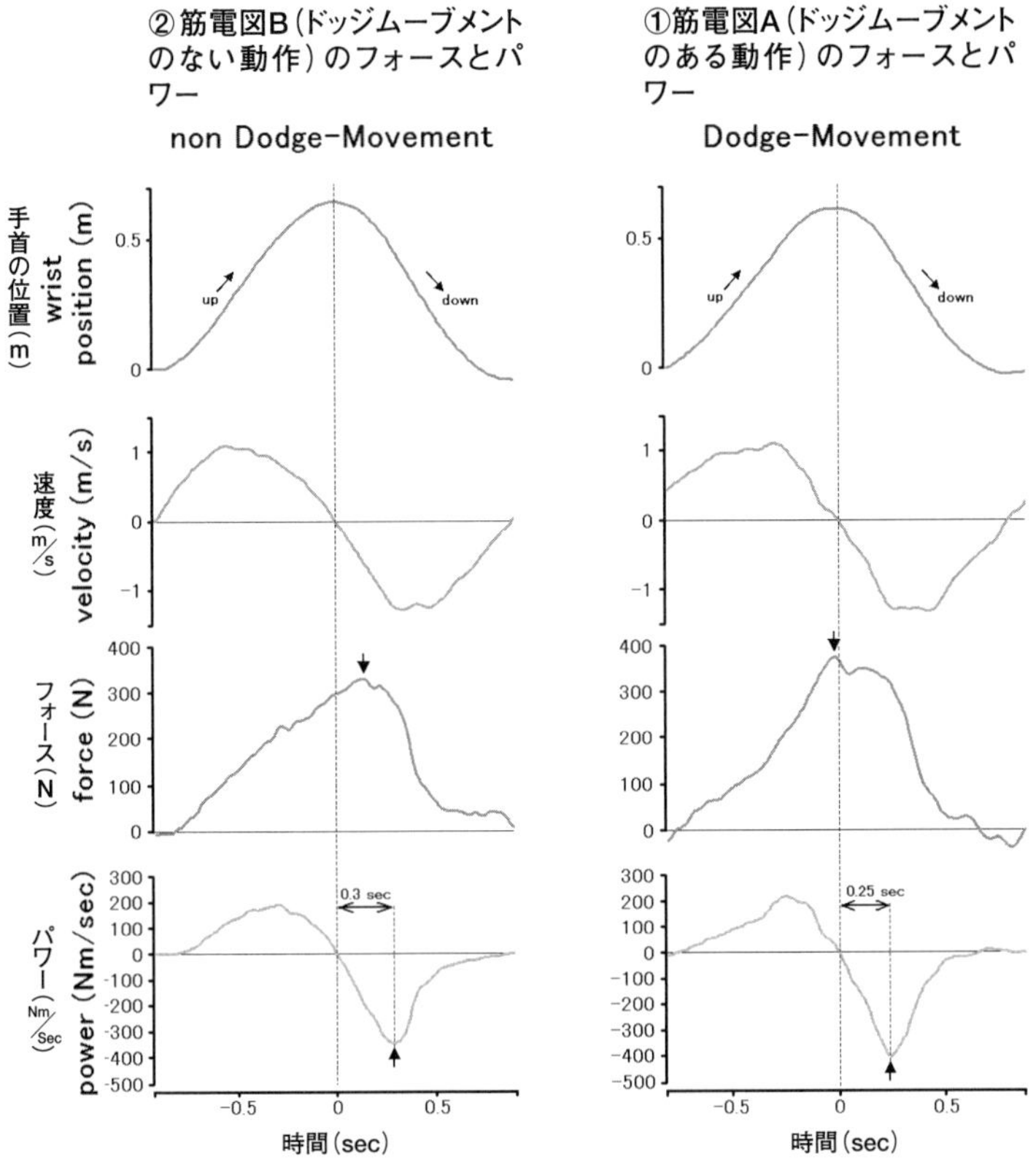

②筋電図B（ドッジムーブメントのない動作）のフォースとパワー
non Dodge-Movement
①筋電図A（ドッジムーブメントのある動作）のフォースとパワー
Dodge-Movement
手首の位置（m）
wrist position (m)
up
down
速度（m/s）
velocity (m/s)
フォース（N）
force (N)
パワー（Nm/Sec）
power (Nm/sec)
0.3 sec
0.25 sec
時間（sec）

図6-6　ドッジムーブメントの有無とフォースとパワー

◎これは、早稲田大学大学院で厳正な審査後、同大学院に受理された小山裕史の修士論文及び口頭試問（審査）の資料を一部改編したものです。著者の許可なく無断掲載することは禁じられています。

が亢進し、運動機能の改善や故障改善に有効とされる根拠を示しています。

神経筋協応能の亢進や神経筋機能の促進が容易であれば、故障や身体の不調を招き難い——このような表現もあります。これはある意味では真実かもしれませんが、文字通り、「動作」、「動き方」が適切でなければ困難なテーマです。私が動作、動き方を求める領域を大切にしている理由がここにあります。

筋電図Bとその一連のデータは、いわゆる「力感はあるのだけれど、加速力やしなやかさが無い、神経筋制御、神経筋協応能の見地からは、「身体、神経系にストレスを与えている」ことを示します。

この動作は、腕や脚が自然に上がって、ボールを投げたり、バットやゴルフクラブを振る時、また歩く・走る動作時の脚が反射的に着地点を求めて出される時に**そのタイミングを狙って力を込める**ようなものとイメージすると、考えやすいと思います。

これらを繰り返すことにより、神経系、神経と筋肉、神経と関節のダメージや、ストレスが恒常的なものとなりやすいので、回避したいのです。

第四章の「脳の中に目を向けると」で、大脳皮質の皺《しわ》の一つずつが**機能的区画**（**コンパートメント**）の役割を持っていると述べました。

運動・動作様式により、筋肉が外部から与えられる力によって、伸張される（**引き伸ばされる**）**ことによる感覚性の入力が、感覚中枢から運動野へ送られ、運動野のニューロン**（**神経細胞**）**の下行性効果が脊髄を介して、**腕や足などの直接的に何らかの動作をする部分に対して、速い反応を起こすことが知られています（図6-7。一三五ページ注参照）。これを**皮質間反射**と呼びますが、脊髄を介した脳の反応とフィードバックは、脳の機能向上、身体機能向上を考える時、大切で重要なテーマです。

B.M.L.カムマシーンで見られる、強過ぎない意識性（随意性）のあるポジショニング（立つ位置や、座る位置構えなど）から合理的反射活動が起こると、運動野を中心とした、その各機能区画の反射活動が起こることを示唆しています。

好ましくない運動や動作では、逆にストレスを神経系にも与えてしまいます。

本書の中での歩き方、BeMoLo《ビモロ》シューズの検証も、ここに鍵があります。麻痺疾患改善及びその研究、神経発芽研究の基になっている大切なテーマです。

図6-7　皮質間反射（Transcortical reflex）の概念図

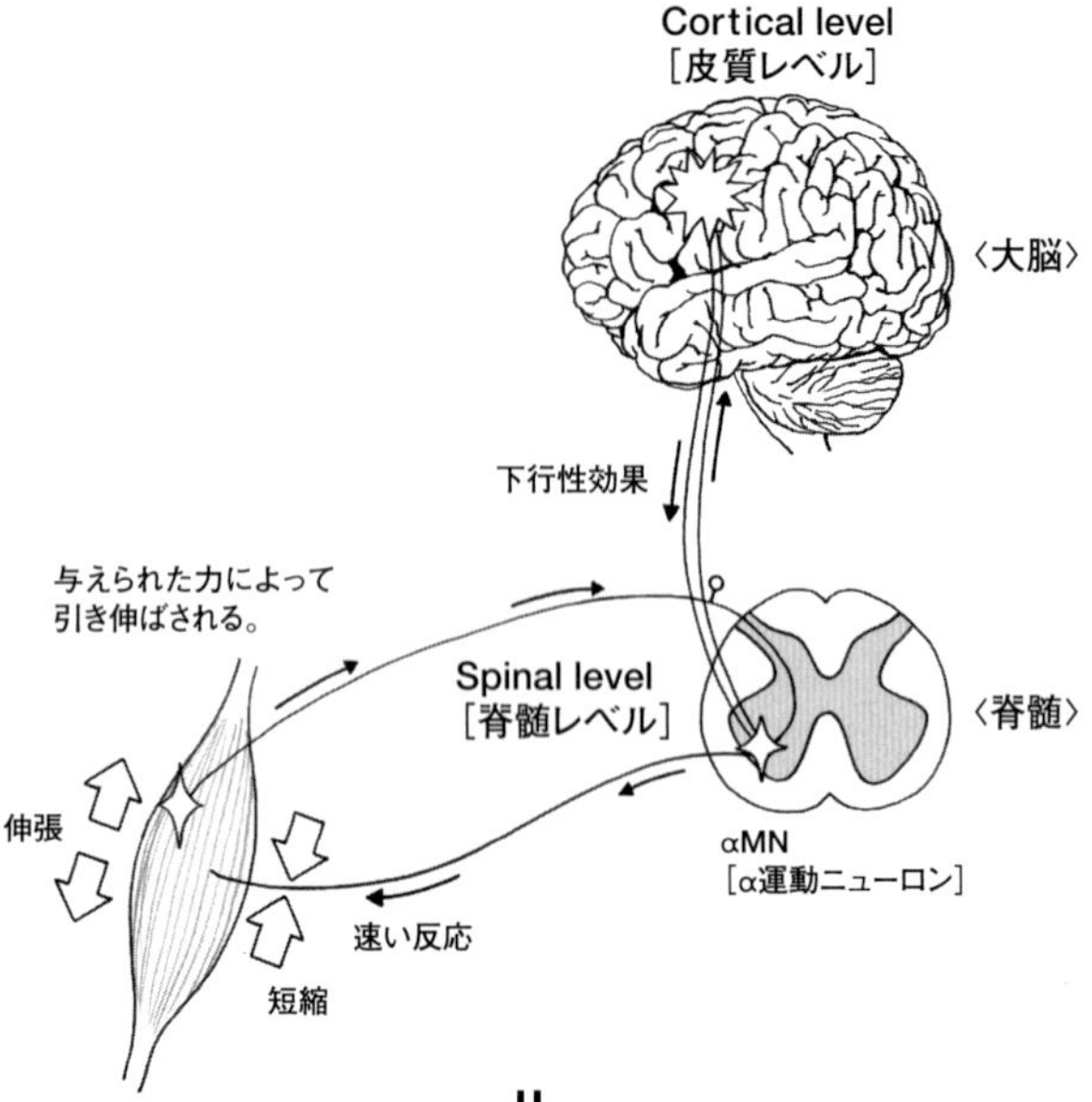

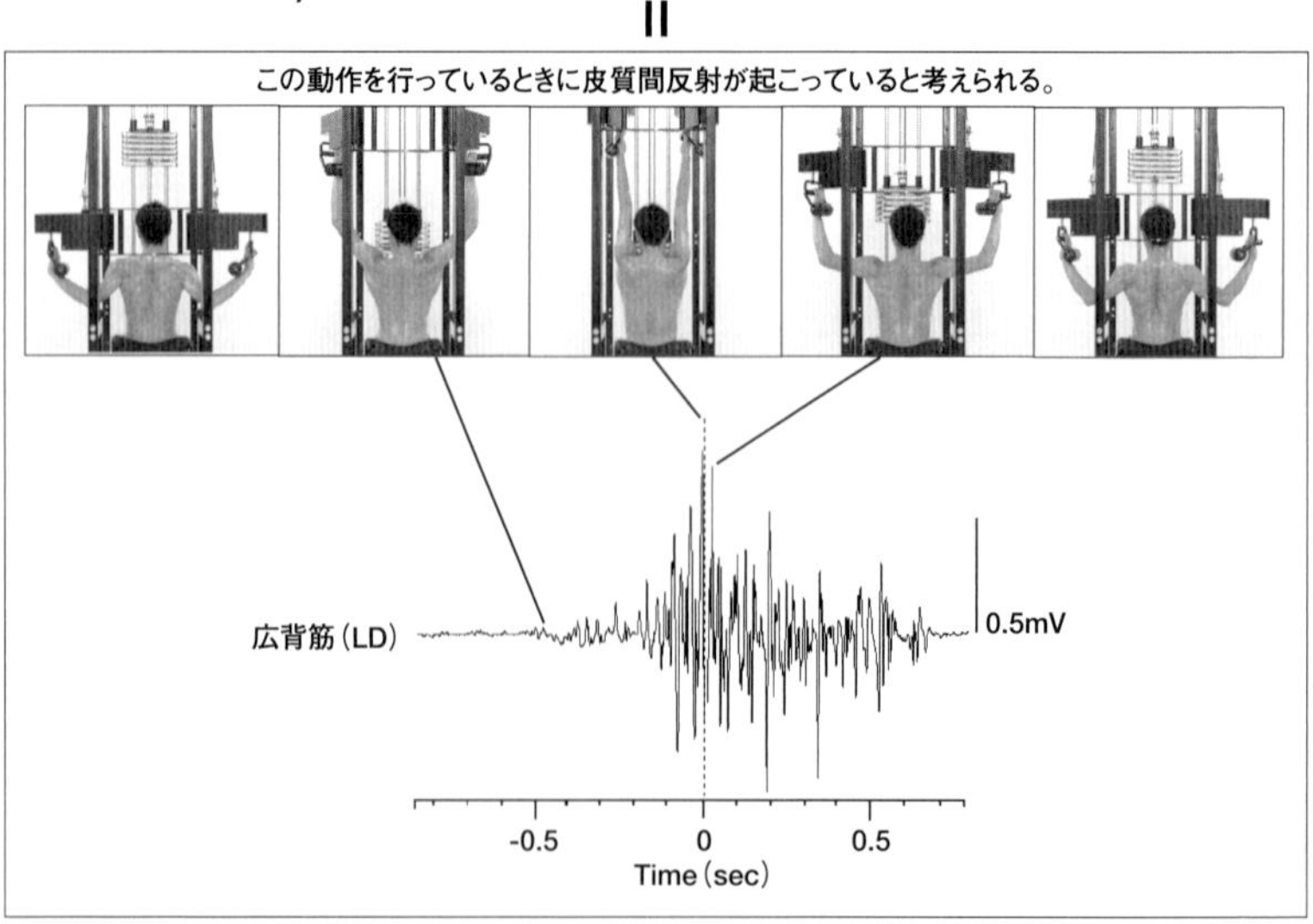

6 研究・介護予防トレーニングについて

次に、ワールドウィング本部で始まり、（財）初動負荷トレーニング研究財団に引き継がれている研究の一部をご紹介します。

ワールドウィング本部には、もちろん近隣在住者の方々も多くトレーニングに訪れています。小学生から九十代の方々まで、幅広い年齢構成で、前述の競技力向上、故障改善などと共に、減量、メタボリック症候群の改善、健康維持・増進とやはり目的の多様性があります。注目されていることの中の一つは、高齢者の方々のトレーニング継続率が高いことです。

二〇〇五年には厚生労働省による「介護予防市町村モデル事業」が全国六十九市町村で実施され、ワールドウィング本部でも、鳥取市から委託を受けて「介護予防筋力向上トレーニングモデル事業」を実施しました。

期間は二〇〇五年一月〜三月の三ヵ月間。鳥取市内在住の十一名（男性二名、女性九名、年齢六十九～七十九歳）の方が対象でした。
参加された方は、全員が介護認定（要支援あるいは要介護1）を受けている方で、三ヵ月のトレーニング後、認定が外れた方三名、一ランク軽い判定になった方が七名いらっしゃいました。（表6－1参照）

事業期間終了後に事業対象者であった十一名中十名の方がこのトレーニング継続を希望し、メンバー登録されました。事業期間終了後、継続できなかった一名の方は、お仕事をお持ちでいらっしゃいましたのに、身体不調から長期の職場離脱を余儀なくされていました。お元気になり職場復帰され、お忙しくされています。

継続率は九〇・九パーセントです。何故高齢者の方のトレーニング継続率が高いのでしょうか？　数百名のメンバー総員数は、進学・就職などにより変動するようですが、「高齢者」と呼ばれる年代の方々が常時二〇～二五パーセントを占めています。

初動負荷トレーニングは、単に筋肉に負荷を与えるトレーニングではなく、神経筋制御、神経筋機能を高めるトレーニングであり、血圧や心拍数の急激な上昇がない中で機能改善を図れ、そして、それを含めた楽しさを感じられることがその要因と考えられます。苦痛が多く、違和感が先立つものであれば、「強制」しても継続できるものではありませんもの。

介護認定	非該当	要支援	要介護1
事業実施前	0名	4名	7名
事業実施後	3名	5名	3名

表6-1　事業実施前後の介護認定

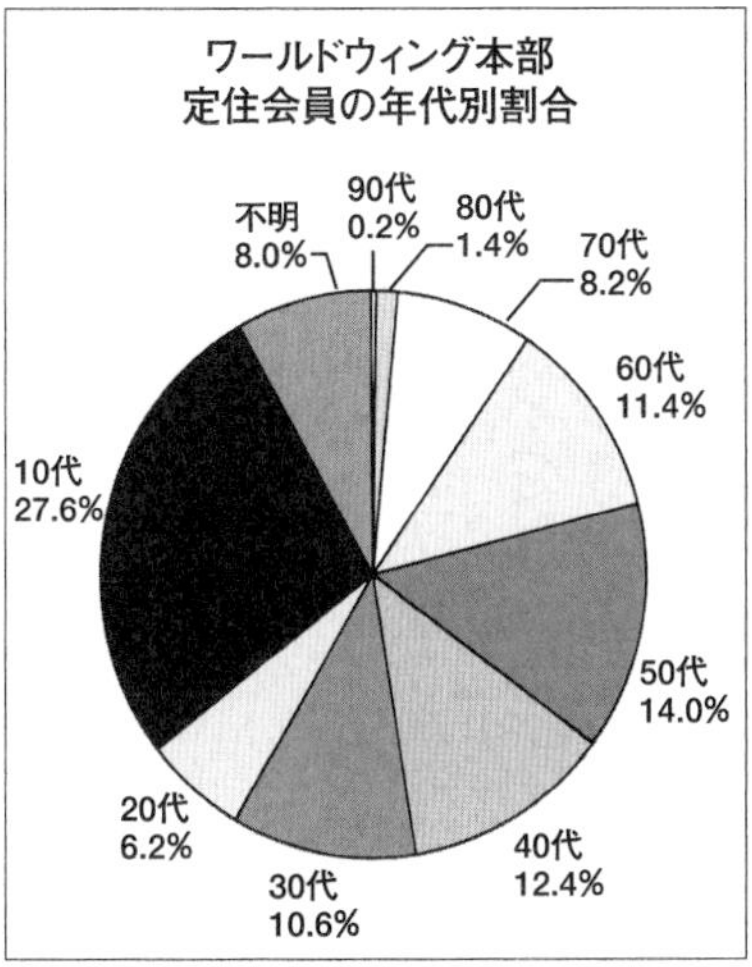

ワールドウィング本部
定住会員の年代別割合
90代 0.2%
80代 1.4%
70代 8.2%
60代 11.4%
50代 14.0%
40代 12.4%
30代 10.6%
20代 6.2%
10代 27.6%
不明 8.0%

表6-2

7　血圧について　（財）初動負荷トレーニング研究財団の継続研究

（財）初動負荷トレーニング研究財団では、初動負荷トレーニングと高齢者の血圧との関係について調査、研究するために、定期的に初動負荷トレーニングを行っている高齢者の方、二十四名を対象に三ヵ月から三年に亘って調査、検証しました（※1）。

この中で、全員が好応答を得たことは、今後の介護予防の方向性を考える上での指針となるかもしれません。

これら高齢者の方々の血圧改善の結果は、第四章に対応します。これら「血圧、心拍数、血流量（※2）」は、脳の大脳辺縁系の前部《ぜんぶ》帯状回《たいじょうかい》が司っていることが知られています。初動負荷トレーニングの継続によって、自律神経を司る大脳辺縁系の前部帯状回の改善がなされる経緯と結果を得られたことは、財団の医師、研究者、関係者に研究の意義を再確認させました。多岐に渡る研究が、多くの方々の健康増進、機能改善のお役に立てますように、研鑽を重ね続けたいと思います。

※1　調査に立候補して下さる方々が多いので、対象者数を増やし、論文などの機会に報告する予定です。
※2　自律神経が司ります。

ジェシーとボブの遠くを見つめる愛の物語

ジェシー「ボブ、届いたわよ！　ねこじおじさんから、コ、コ、コ、小犬山コロにゃん先生の論文とウォーキング・テキストの原稿とシューズが！　さっそく、訳しながらやってみましょうね！」

ボブ「そうしよう」

ジェシー「………」

ボブ「どうしたの？」

ジェシー「あまりに衝撃的というか、論文も興味深いわ。すぐには読みきれないけれど、そのデータに基づいての歩き方、シューズの研究……。歩き方、シューズ一つで、こんなにバランスが変わるなんて……見てよボブ、この動作解析資料を。シューズによっては、足の指の着地順が変わるものが多い。裸足に近い方が良いけれど、裸足が理想とは限らないって……。

私、恐怖すら感じるわ……。どうしてこういうことに、誰も気付かなかったんだろう……という内容なのよ」

ボブ　「早く、その原稿を訳してジェシー！　そのシューズを履いてみたい！」

ジェシー「ボブ、待ってね。ねこじおじさんのお手紙が原稿の一番下にあった。キャハ！　ねこじおじさんっていつもこうなの、おっちょこちょいで憎めない方なのよ。あれ、おっちょこちょいは私みたい……」

ボブ　「…………」

ジェシー「お手紙の要点を訳すね。

『ジェシー、小犬山コロにゃん先生の論文は、もちろん専門論文です。英語論文は進行中なので、でき上がったら、コロにゃん先生が、君たちに送って下さるそうです。

君の恋人のボブにも伝えてほしいのだけれど、まずは何の先入観も持たずに、《人類の二足歩行の起源にまで立ち返る》と言われるシューズを履いて頂くことを提案します。

君たちが悩んできたことは、僕や多くの方々の悩みでもあります。科学的、物理的な思考にも秀でた君なので、原稿の中に表れる表記や解説がきっと君を離さないと思います。（中略）いかに人間、広い範囲では人類が、関節機能、筋肉機能、そして、これらと神経系の関連に無頓着だったか。いや無頓着というより、求めて、求めきれなかったというべきか。《歩き方とシューズの謎の扉を開く》この感覚に出会う君たちかもしれません。（中略）僕は、小犬山コロにゃん先生の、地球的規模と言われている理論や、このシューズのことを書物にして、多くの方々にお伝えすることが、自分の使命と考えています。

原稿は途中の段階です。本ができたらまたお届けします。

それから君が電話をくれたすぐ後に、小犬山コロにゃん先生からEメールが届きました。ヨーロッパに逃亡中で、そこの書店で故障に苦しむ親子と出会った時の様子も書いてありました。この部分はお二人にも非常に興味深いと思うので添付しておきます』」

ボブ　「深い内容のお便りだね……」
ジェシー「ねこじおじさんって、こういう方なの……」
ボブ&ジェシー「あれ！」
ジェシー「ヨーロッパの書店、そこで出会った、故障に苦しむ親子……！」
ボブ　「僕たちが出会った、お母さんと少年たちのことじゃないのかな？」
ジェシー「私も、同じことを考えてたのボブ！　きっと、私の家の近くのあの書店に、小犬山コロにゃん先生が居たんだわ……！」
ボブ　「驚いた……！」

しばし沈黙の二人……。

ジェシー「途中段階と仰《おっしゃ》ってた原稿、枚数が多くないので、読み進めるわね……」
ボブ　「そうして！　続けて！」
ジェシー「私が音読しながらやってみるので、ボブも一緒にやってみてね。

『これまでのシューズを脱いで、両脚のアウトエッジ（外側）を平行にして立ち、胸を張りながら背中を伸ばしてみましょう』

わー、楽で胸も張りやすいわ！

『次に、両腕を伸ばしたまま、両脚の横から頭上に、そして頭上を越してその後方に、腕を移動できないか試してみましょう。片腕ずつでも、もちろんオッケーです』

驚いたわ！　立ち方だけで楽に、今まで以上に肩も、胸も拡がるなんて。

ボブ「やってみるね、本当だ！　凄い！」

ボブ「ボブもやってみて！」

ジェシー「『次は、足首と膝を内側に締めたり、内側に倒した状態を作って、腰を伸ばし、胸を張ろうとしてみましょう』

あれ～腰が急に張ってきた、腰が痛くて胸を張れないし、張ろうとすると腰が更に痛い、腕を頭上に上げようとしても上がらないわ、肩や首が酷く緊張する！」

ボブ　「あの書店での僕の体験だ！」

ジェシー「ネ、感動でしょ！

『こういう足首や膝の状態を作りながら歩いたり、行動したり、スポーツしているのが一般的です。歩き方が大切と言われながらも、身体動作科学的にも、どのような歩き方や動作が良いのかが、詳細には検証されていない歴史がありました。良い方向性が創造されていない上に、人間が良いと思って求めてきた、シューズそのものの影響も大きい』とも表現されているわ！　分かるわね。文章を続けて読むね。

『シューズは確かに、衝撃から足を守らなければならないものです。でも、靴底の柔らかさだけでは、衝撃を完全に解消できず、それどころか、シューズの中の足底、足甲、足指には違う意味のストレスを与えます。

衝撃や荷重をそのまま解消しようとすると、その力の変化で腰や膝が曲がるなどの代償動作が誘発される可能性が高くなる、それが故障や諸々の問題を作る原因の一つです』」

ボブ　「今まで色々と試しても、良い結果を得られないはずだよね！　踵《かかと》やシューズの底が柔らかかったり、分厚いもの、つま先が細いものや、強く上がっているシューズだと、自動的に足首や膝が内側に締めつけられるもの……。
腰や膝、足首、ふくらはぎにストレスがかかり、シューズの中の足や足指にまで負担がかかるわけだね……」

原稿から少し目を離して一点を見詰めるジェシー……。

ボブ　「ところでジェシー、今度は足の指ばかり見つめてどうしたんだい……」
ジェシー　「『あなたの足の指は伸びていますか？　曲がっていませんか？』というところを読んでいるの……」
ボブ　「どう、ジェシーの指は？」
ジェシー　「……外反拇趾《がいはんぼし》だけでなく、全ての指が曲がってるの。曲がって重なっている指もあるわ……。伸びない、伸びづらい！　ボブの指は？」

ボブ　「ちょっと待ってね……。わーっ、全て曲がっていて伸びてないよ！」
ジェシー「足指は、着地の時、伸びて、拡がるのが自然なんだって」
ボブ　「地面を押す最後の部分だものね。僕たちの足の指では、地面を正確に押さえたり、押すことができないということなんだね。違和感や苦しさがあるはずだ。謎が解けて嬉しい気持ちと、現状を直視すると溜息がでそう。次は？」
ジェシー「『あなたのシューズの土踏まず部分は、盛り上がっていませんか？』」
ボブ　「僕のシューズの中、かなり盛り上がっている」
ジェシー「本当ね！　ビックリ！　女性用のものって、ハイヒールを含めて、みんなそうなのよね。足を入れただけで足首の倒れから身体にストレスがかかってるなんて、やーねー！　……ボブ、驚かないでね。
『男性用の革靴もヒール系に属します。これまでの一般的なシューズも、踵が飛び出していなくても、シューズ内の構造によりハイヒールの仲間がほとんどです』

他にもたくさんたくさん、ポイントが書かれているわよ！　ねこじおじさんは、まだ途中の原稿って言ってたけど、凄いエッセンスね。完成本が楽しみだわ！　それじゃあ、今回頂いた原稿の最後の部分を読むわね。

『ストレッチは大切です。しかし、ストレッチの意味がかなり誤解されています。歩く前と後にストレッチなんてナンセンス、良い歩き方自体がストレッチになることが自然で、人間の身体機能に則った理想であり、求めたい合理的反応です。しかし、歩き方やシューズが適切でなければ、この機能はロスし、関節も神経もそして筋肉もストレスを受けるでしょう』」

ボブ「僕たちが抱いた疑問への回答だね。著者はえーっと、コ、コ、コ……」

ジェシー「コ、コ、コって鶏じゃないのよ、小犬山コロにゃん先生！　ご本人自身が、色々なスポーツにたけた人で、他の人の動作作りにも取り組んでいて、その指導相手も、オリンピック選手、プロスポーツ選手から高齢者、子供たちと幅が広いみたい！」

ねこじから送られてきたシューズを履く二人。履いた瞬間から……。そして、動くごとに身体が変化、好転していくことに、言葉を失って『パオパオニャーン』『どしたのドレミ～♪』など意味不明な発音や言葉ばかりを発しています……。二人の顔の表情は少年少女、いや、純粋無垢な赤ちゃんの笑顔のようです……。

ボブ　「ジェシー、すぐ日本に行こうよ！　番組取材のためにも欠かせないと確信できた！　小犬山コロにゃん先生に直接教わりたいことが山ほどあるし！」

ジェシー「私もよ！　私、この原稿を翻訳したい！」

ボブ　「《シューズはヨーロッパ文明が作った！》と言われてるけれど、一日のほとんどをシューズで過ごすヨーロッパ人の中に、腰痛や膝の痛み、背中の痛みを訴える人が多いことを考えると、一度、この文明と言われるもの自体を深く考え直す必要があるかもしれないね……」

ジェシー「あっ、この前話した、『百メートル走でもマラソンでも、凄い日本記録や凄い世界記録が出る時は、どこもそんなに張らない』とコメントしていた人ボブは、小犬山コロにゃん先生だ！」

「ジェシー、準備を進めよう。一日も早く日本に行こう！」

8　研究・BeMoLo《ビモロ》シューズ——衝撃と神経筋制御

初動負荷理論に基づき、神経筋制御、神経筋機能を高めるシューズを作ることができないか——これはオリンピック選手、プロスポーツ選手、麻痺改善に取り組む方々や医師の方々からの切実な声でした。足底部‐脚‐上半身‐脳との関係は重要ですが、やはり誤認の歴史もあったようです。

また一般的に、目の仇のように扱われる**衝撃**と呼ばれるもの。しかし、地面に当たる力がなければ、人間はうまく歩くことも走ることも、ジャンプもできません。**衝撃の力の方向性や、大きさを変えることで関節や筋肉のアンバランスを解消できないか、そして「衝撃」と呼ばれるものを利用できないか、これにより、神経筋制御、神経筋機能を高められないだろうか**——これらがシューズ研究の中心としたテーマです。

そして、静止中、動作中の足底部の本来のバランス向上や、動作中の各関節と周辺の筋活動の本来性を高め、関節結合部のストレスや捻《ねじ》れを解除し、足底〜脳間の刺激に対する反射応答や反応速度を高め、その活動を合理的に増幅・増大できないか……長年考え続けてきた研究課題と仮説です。そしてこれらは、やはり初動負荷理論に基づいて具現化できました。

このシューズの愛称を初動負荷の英語表記、Beginning Movement Load の最初の二文字ずつをとって《BeMoLo《ビモロ》シューズ》とし、「BeMoLo」は、まずわが国で商標登録されました。皆さん、新しい楽しい名称にお馴染み下さい。

麻痺で足首から先が落下した状態（ドロップフットと呼びます）の方々が使用されると足首が楽になり、着地が行いやすくなる、装具が早期にとれる、外反拇趾改善効果、車椅子に乗っている時も楽などの多くの検証から、病院などの医療機関でも使用されるようになりました。

このシューズの機能は、フラットなシューズ底に踵から第四指に向けたバーとその左右両端、計三本のフラットなバーによって生み出されます。特徴的である「一体化したフラットなシューズ底とフラットな三本バー」は、合理的な歩き方を誘動するガイドの役割も担っています。

　この構造は、世界的な発見ともされ、「人類の二足歩行の歴史にまで遡るもの」と表現する海外、国内の科学者、医師たちの声も高まり、「国際特許出願（PCT）」を行い、既に「国際調査報告書及び見解書」が出され新規性、進歩性及び産業上の利用可能性が認められています。やはり、世界も悩み、求めていたのでしょうね。

　病院などの医療機関で、医師、看護師、患者の皆さんや、海外でも利用されていることは述べましたが、使用される医師・科学者の皆さんが口をそろえるかのように「魔法のシューズ！」と表現されます。「科学者である皆さんが『魔法』などという非科学的な表現を用いないで下さい。それを表現するならば、『魔法を超えた科学のシューズ』と呼んで下さい」。これが私の対応ですが、かなりうけています。

　従来のシューズでの歩行との比較検証ができなければ、本書で述べてきた歩行は語れませんでした。「シューズの悩みは人類の悩み」とも言われます。シューズには**これまでとは、視点を変えた精緻《せいち》な科学、神経科学が必要**でした。

9 BeMoLoシューズの特性・神経系と柔軟性

平易にするために「マグネット（電磁）刺激」と呼ぶことにしますが、治療用にも用いられる安全な装置によって、大脳と足底間の神経伝達速度に差が生じるかどうか、速くなるか遅くなるかなどの検証を、（財）初動負荷トレーニング研究財団の医師と共に行っています。

これをBeMoLoシューズ着用、従来の様々なシューズ着用、裸足の三つの条件のもと、歩行、初動負荷トレーニングの前後で比較してみようというものです。

被験者は、この検証の意義を十分に理解し、同意された健常者、麻痺疾患の方々です。この検証では、前記の各々の条件においても、BeMoLoシューズを着用する場合に、神経伝達速度が高まり、また、増幅する傾向が観察されます。BeMoLoシューズ着用後に、急にストレスが解除される、関節の可動域が増大する、着用して動くほど、柔軟性や歩行速度が高まる、麻痺疾患の方々特有のドロップフット（足首が落下した状態）が改善されやすい、固定装具が早期に外せるなどの好臨床結果からの「仮説」に基づいた検証です。

ただ、例外もあるかもしれませんし、何よりもこの検証は、時間を重ねて研究を行い続ける必要があると考えています。そして、身体各部位の痛みや、麻痺改善に苦しまれている多くの方々に更に良い御報告ができ、適応範囲が広がるように研究を進めたいと考えています。

また、私の立てた別の仮説に基づき、BeMoLoシューズとランダムに選んだ一般的なシューズ類との比較検証を行いました。

検証結果の一つは、前述しましたように、BeMoLoシューズでは、歩くごとに、走るごとに身体の柔軟性が高まり、歩き方が合理的であればあるほど、それは顕著でした。逆に一般的なシューズ類では、歩くごと、走るごとに身体が硬化する傾向にあるということが特徴的でした。

健康や競技力を考える場合、血流や、老廃物の除去能力と直結することが知られていますが、歩く、走ることによる身体の柔軟化と硬化は、従来言われてきた、**スタミナと動作の関わり**の概念を覆すものかもしれません。

10　関節機能と筋活動から

下腿三頭筋《かたいさんとうきん》は**ヒラメ筋**、**腓腹筋**《ひふくきん》と、**足底筋**《そくていきん》（大腿骨外側上顆《だいたいこつがいそくじょうか》という膝関節の裏側からアキレス腱の内側に向かって走る、かなり細くて長い筋肉）で構成されています（図6－8）。ヒラメ筋の強大な停止腱は、腓腹筋の停止腱と結合して「アキレス腱」として踵骨隆起《しょうこつりゅうき》に終わっています。

私が、歩く、走る、またこれらの複合要素である様々な動作を研究して、神経筋制御、神経筋機能との関わりを追求する時、注目するのは、**腓腹筋は膝の関節をまたぎ、大腿骨外側上顆**《がいそくじょうか》**と大腿骨内側上顆**《ないそくじょうか》**に止まり、ヒラメ筋は膝の関節をまたがず、膝下の脛骨**《けいこつ》**と腓骨頭**《ひこっとう》**に止まっている**という構造です。

アキレス腱は、強大であることが知られていますが、ヒラメ筋がアキレス腱構成要

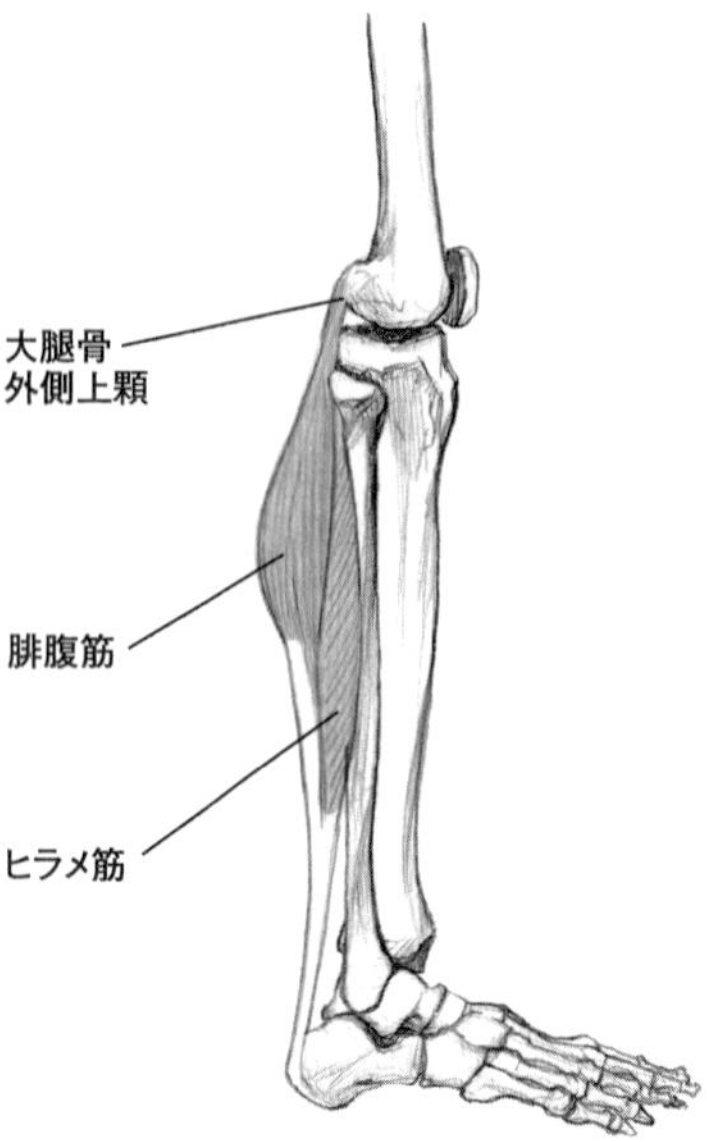

大腿骨
外側上顆
腓腹筋
ヒラメ筋

図6-9　下腿三頭筋〈側面図〉

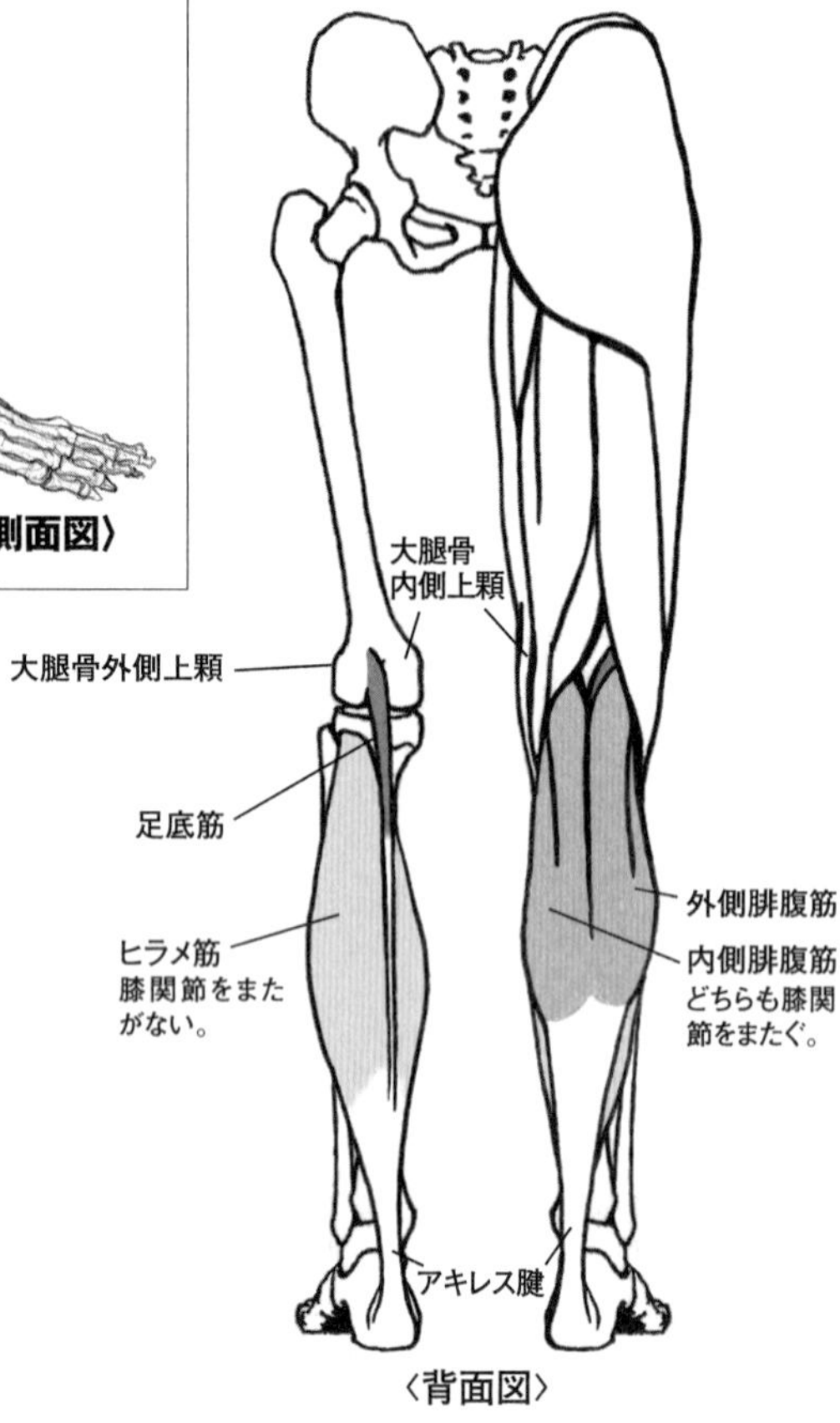

大腿骨
内側上顆
大腿骨外側上顆
足底筋
ヒラメ筋
膝関節をまた
がない。
外側腓腹筋
内側腓腹筋
どちらも膝関
節をまたぐ。
アキレス腱
〈背面図〉

図6-8　下腿三頭筋とアキレス腱

素のほとんどを占め、膝関節をまたがず、アキレス腱と共に、足関節（足首の関節）への作用が強く、これに対し、ヒラメ筋の上に乗って、膝関節をまたいで止まる、腓腹筋は、膝関節への作用が強いと言えます。

ところが、**歩行動作や、移動動作中に、アキレス腱、ヒラメ筋が過剰に活動したり、緊張を起こすと、足首の関節の動きがブロックされる実態、その上、膝の関節をまたいで、膝から上位の部分の活動をスムーズにする腓腹筋の活動も制限するという実態が見落とされがちです。**腓腹筋の緊張を強制すると下腿三頭筋《かたいさんとうきん》と呼ばれる、これらヒラメ筋、腓腹筋の集合的な機能を防げ、アキレス腱に大きなストレスを与えます。

また、股関節や骨盤をうまく稼動させるという大切な動作の制限を招くことが考えられます。典型的な一例は、ふくらはぎの張りや膝関節の痛み、膝関節の大きな屈曲によるストレスを招くことです。膝関節の不必要な屈曲は、自動的に腓腹筋を短縮させています。更に、上位部分の股関節、腰部、肩、首のストレスを増大させることになります。

二二八ページからの図6－10は研究論文用に数多く検証した、着用シューズの差による、膝関節周辺の筋活動を調べた筋電図の一部です。「歩き方」の熟練度にも関係しますので、私（小山裕史）が被験者となったものを一部ご紹介致します。

全て、動作の十歩目、十二歩目を調べ、検証をするための電極は、両脚に貼着し、意識性の高まりを防ぐために、データは不随意に出した左右どちらかの一歩目を基準としながら、調査は、その反対側で行っています。

仮説の通り、ヒラメ筋、腓腹筋の集合体である下腿三頭筋は、膝関節が伸びている時にのみ、本来の機能的作用を示します。BeMoLo シューズでは、膝関節が不必要に曲がらないために、アキレス腱の構成要素のヒラメ筋が強制的かつ先行的には活動しません。

これは、腓腹筋が先行活動しながらも、ヒラメ筋やアキレス腱などに余分な仕事をさせないという理想に近づきます。

ギブス固定を体験された方の苦しみは、この機序が逆転することにあります。

C.O.P.（足圧中心）は外側から内側へと移動することが理想であることは述べました。BeMoLo シューズではこれに合致して、腓腹筋が先行活動すると共に、その内側へと合理的に筋活動が起こる傾向が見てとれます。

腓腹筋は、膝の関節が曲がっている時には、既に短収縮を起こしています。不必要な膝関節の屈曲を招かないで、この筋肉が弛緩－伸張－短縮の筋活動を起こすことは、身体機能にとって重要です。しかし、一般的には容易ではありません。

実際、この筋電図が示す合理的かつ合目的的な腓腹筋の筋活動と、これに追従して起こるヒラメ筋の筋活動は、「ごく短い単一時間の中」でありながら足底部が長く地面を押していることを示し、踵が早期に離地しない特徴の中で身体を合理的に前方に運んでいることを現わしています。つまりアキレス腱が先に活動するようには、身体も神経も形成されていないのです。

アキレス腱の強化が大切という疑問の多い論説がありますがアキレス腱にストレスを与えることで鍛えたように感じることは不幸な結果を招きかねません。

ふくらはぎの中には、太い静脈、動脈、神経が走行していますので血流を妨げず、これを促進することは、身体にとって大切ですし、関節や筋肉のストレス解除のためにも重要ですので、この研究も更に進めていきたいと考えています。

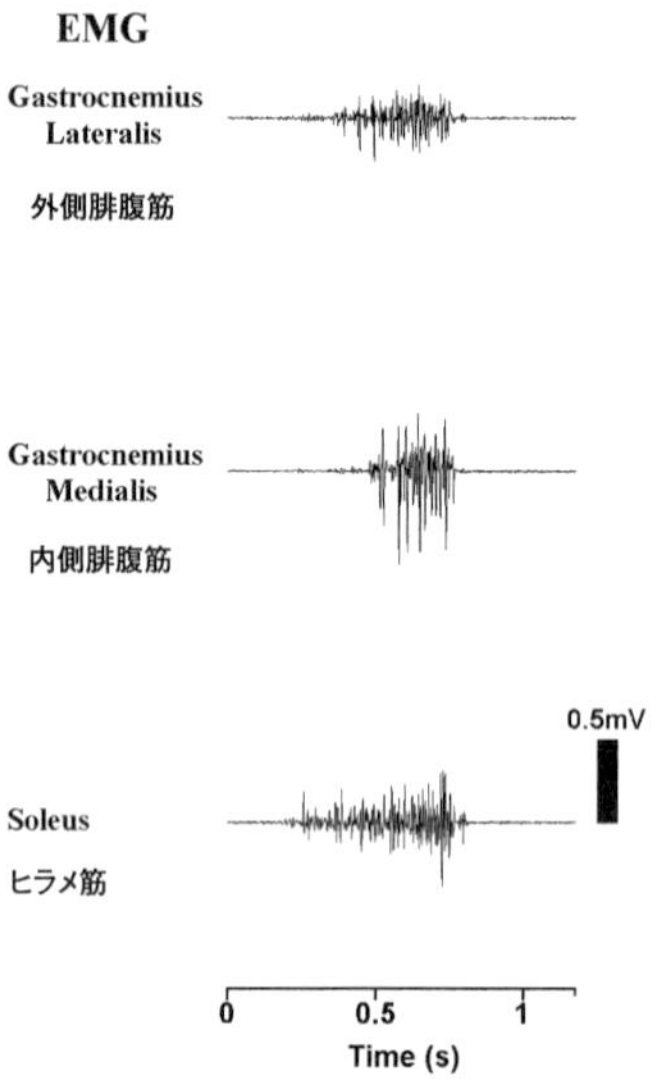
EMG
Gastrocnemius
Lateralis
外側腓腹筋
Gastrocnemius
Medialis
内側腓腹筋
0.5mV
Soleus
ヒラメ筋
0
0.5
1
Time (s)

図6-10a　踵高・高反発クッションのスニーカー（左脚筋活動／歩行）

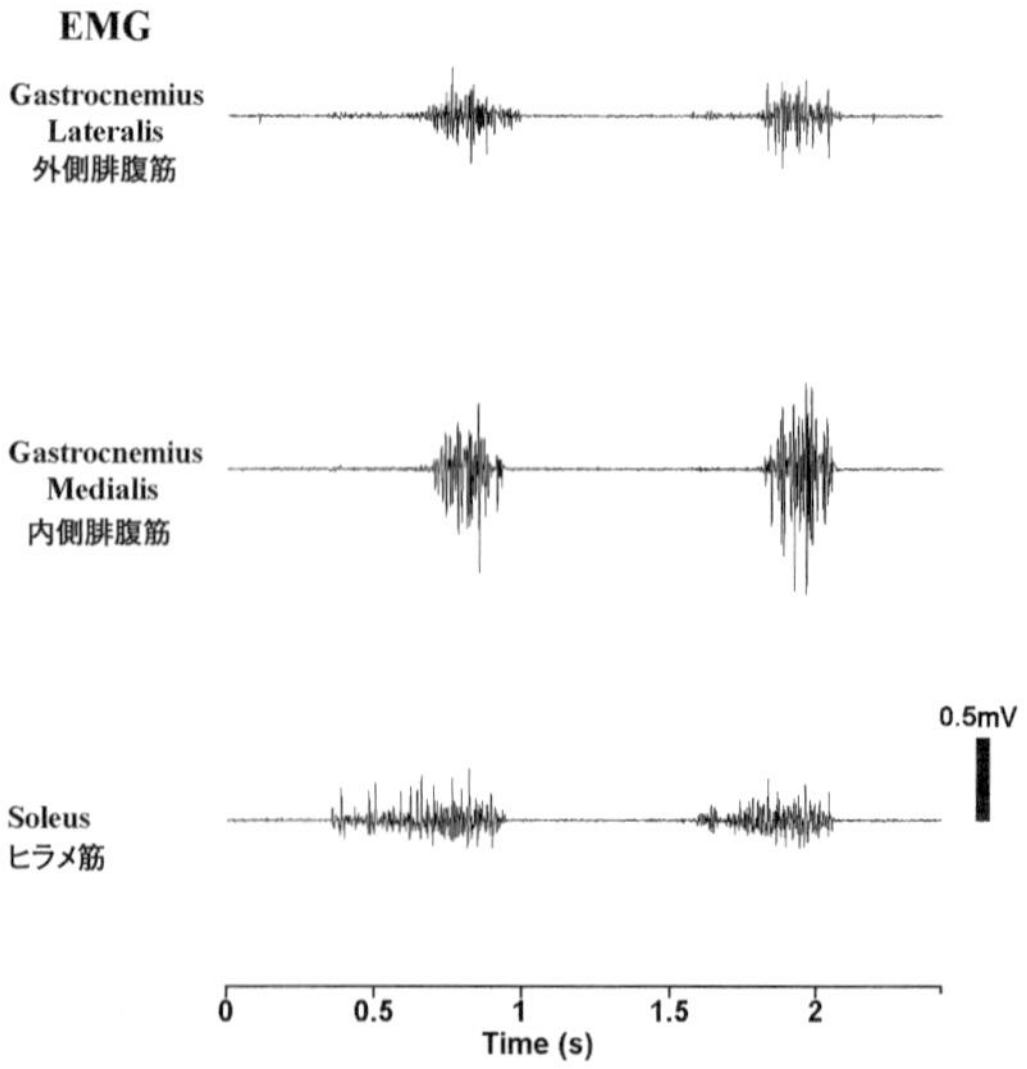
EMG
Gastrocnemius
Lateralis
外側腓腹筋
Gastrocnemius
Medialis
内側腓腹筋
0.5mV
Soleus
ヒラメ筋
0
0.5
1
1.5
2
Time (s)

図6-10b　踵高・高反発クッションのスニーカー（左脚筋活動　2サイクル／ランニング）

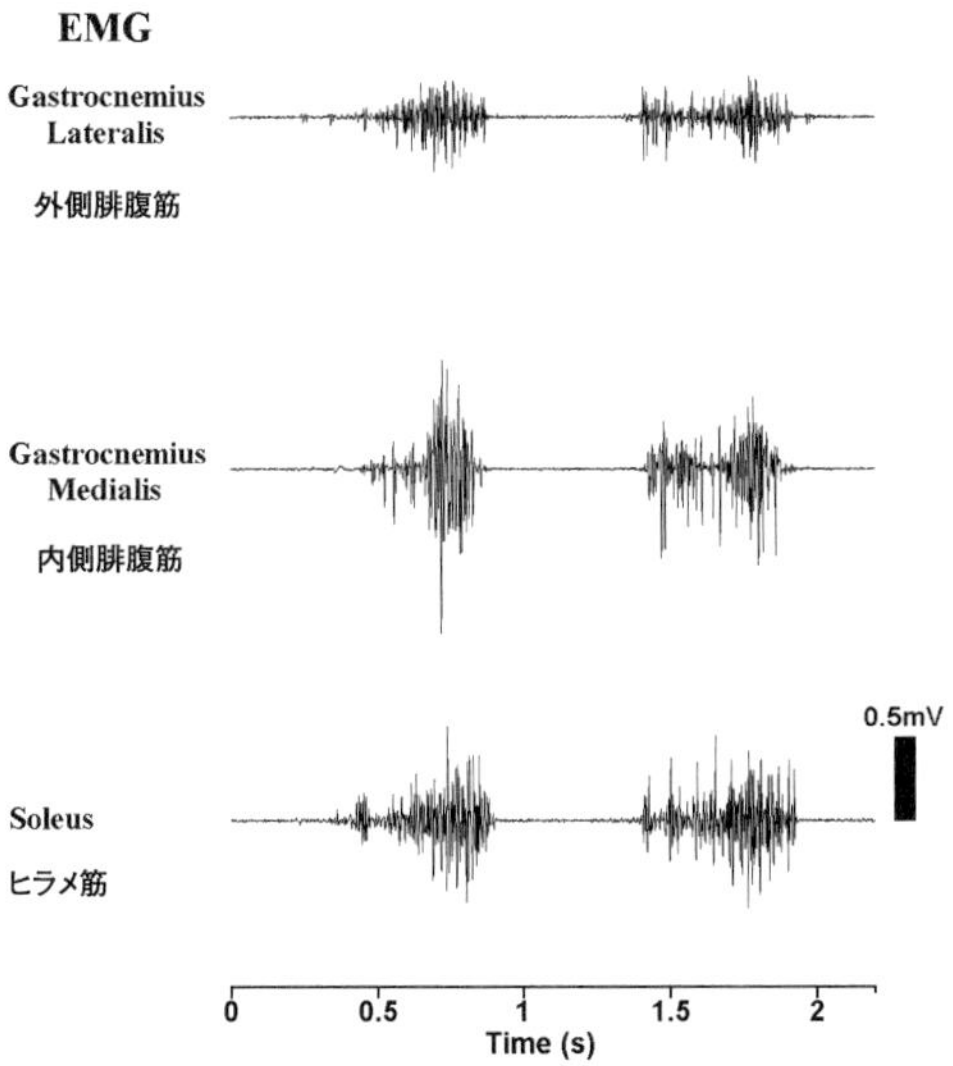

図6-10c　反発を吸収するジョギングシューズ（左脚筋活動　2サイクル）

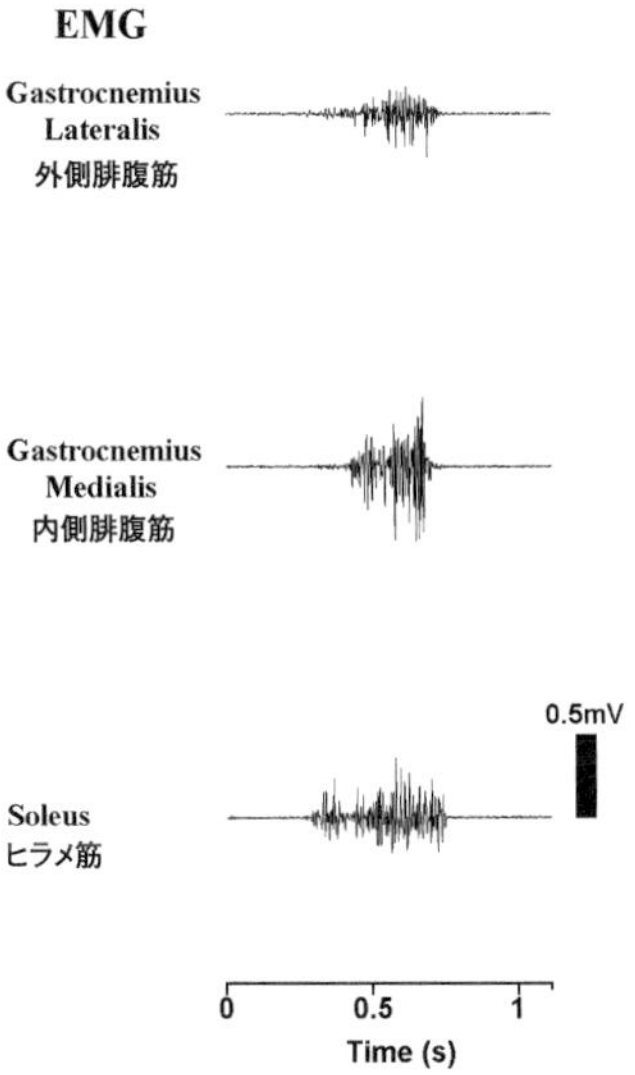

図6-10d　反発を吸収するジョギングシューズ（左脚筋活動／ランニング）

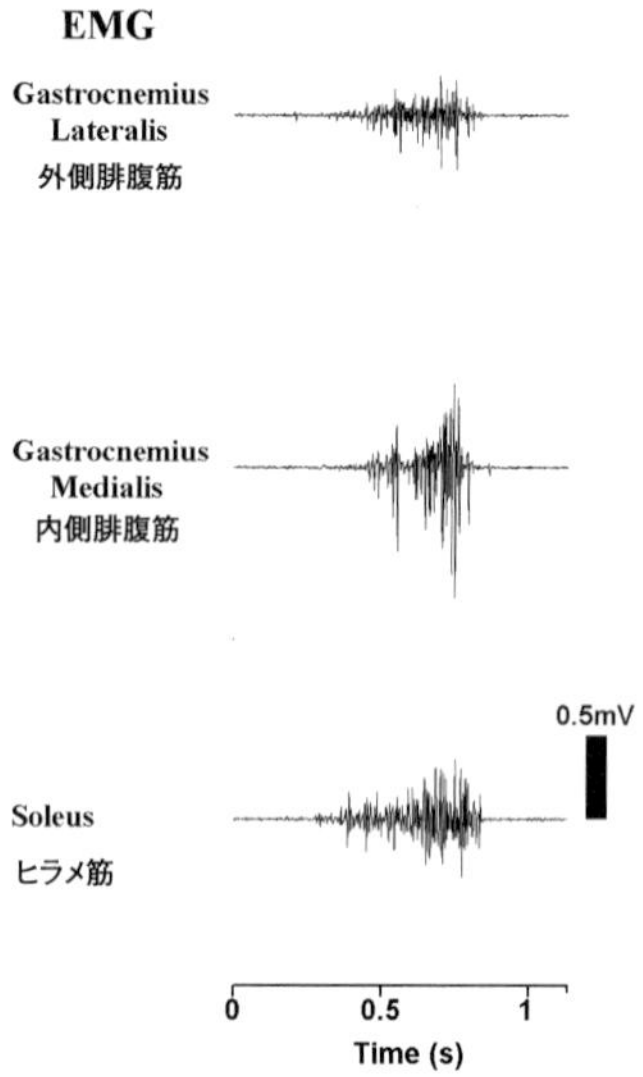

図6-10e　薄底シューズ（左脚筋活動／歩行）

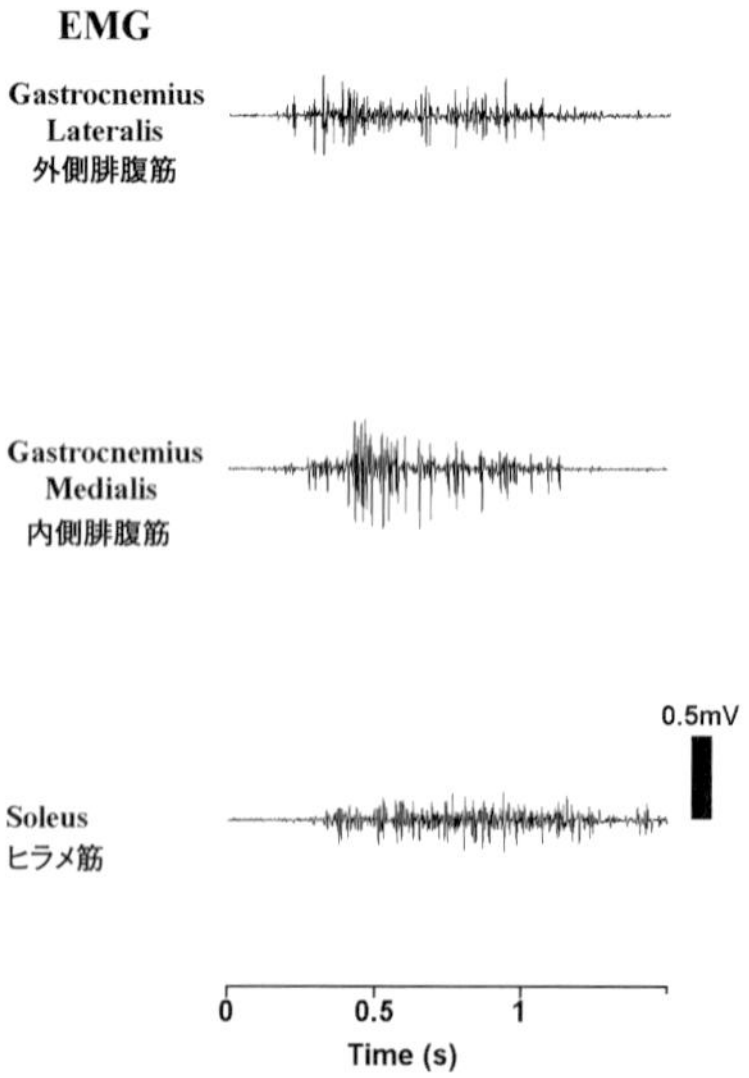

図6-10f　BeMoLoシューズ（右脚筋活動／歩行）

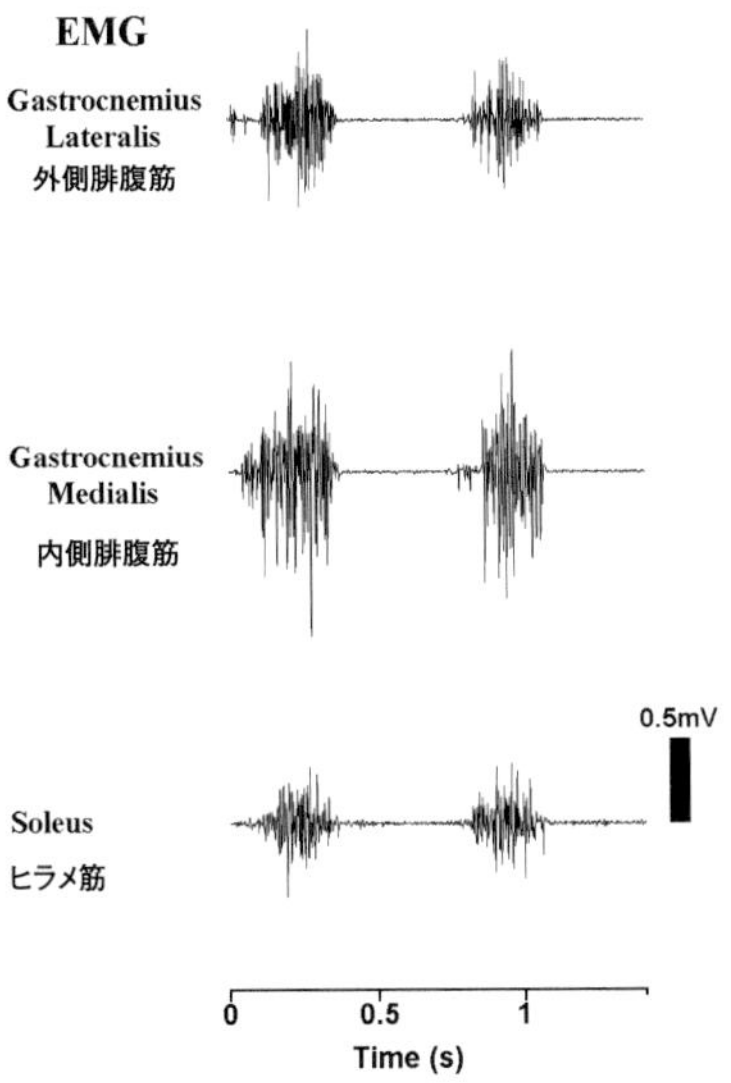

図6-10g　BeMoLoシューズ（左脚筋活動／速歩）

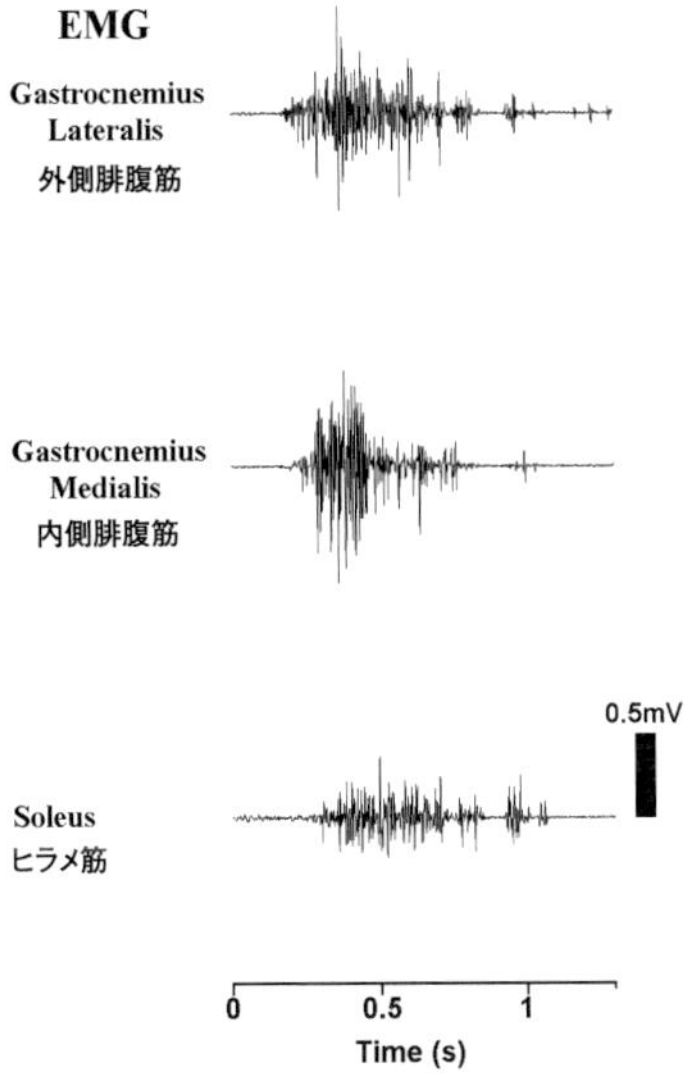

図6-10h　BeMoLoシューズ（左脚筋活動／ランニング）

第七章

歩き方とシューズが医療保険制度破綻を救う(レッスン編)

ジェシーとボブの愛はフワリと……

ボブは、番組制作局長に、日本出張を申請します。制作局長の反応は、

「ボブ、お土産は、コロにゃんシューズと蕎麦とうどんね！」

ジェシーは、ねこじの了解を得て原稿を翻訳します。翻訳文に驚いた出版局長は、

「我が社で『小犬山コロにゃんのウォーキング革命・初動負荷理論で考える歩き方と靴　ヨーロッパ版』を出版させて頂こう！　ジェシー、日本に出張して！　お土産は、シューズとお寿司ね！」

「お寿司は生ものだから、お土産には無理、と言えば、出版局長は『嫌だ』とダダをコネるタイプなので、厄介ね……。お寿司饅頭にしよ！」

ジェシーの考え方も、更に優しくストレッチされて問題回避。二人を乗せた飛行機は、もうすぐ日本到着の予定です。

ボブ　「ジェシー、文化・文明……、僕は今、この多用され、混同もされやすい言葉の真の意味を考えてる……。『西洋では、人間の精神的生活に関わるものを《文化》、技術的発展のニュアンスが強いものを《文明》と区別する』と教わったね」

ジェシー「そうだったわね……」

ボブ　「物質である靴は、技術の範疇《はんちゅう》。僕の取材に対して、『宇宙へ、特殊環境へと広がる人類の活動を考えても、靴の発展の文明的意味合いは強い』。これが関係者の答え。

でも、この宇宙、特殊環境の靴を含め、外反拇趾《がいはんぼし》を作る靴はたくさんあっても、これを改善できる靴は無い。外反拇趾と靴の関係は古くから、よく知られているし、ほかにも靴が作る故障は少なくないので、『シューズはヨーロッパ文明が作った！』と言うのなら、『同時に、数多くの副作用もヨーロッパ文明が作った』とも伝える必要があると思うんだ……。

僕たちは、ヨーロッパ文明を否定したいというのではないよ。『文明』は人類の遺産であるだけではなくて、未来への財産であるべきだと、今回の取材で深く考えさせられたよ。《世界中の文明》が作った『地球温暖化問題』を含めてね。

それにしても、今回の企画の中で、たくさん出会った様々な『靴』と『歩き方』と故障・疾病の現実には驚いた。只、ショックを受けているだけでは何も始まらない。しかし、何もできずに苦しんでいたんだ……」

ジェシー「安易には表現できないけれど、私も同感。ボブの、あの時の溜息や、涙、そして悩みの原因はここにあったのね……。ボブの心の中に映し出される、洞察力を超えた感性に触れられた私は幸せ……。ありがとう」

ボブ「外反拇趾にこだわるのじゃなくて、こんなにも身近で、日常的で、靴の歴史と共に時を刻んできた、この弊害一つさえ、現代まで解消できない。この実態からは、『発展の意味合いは強くない』とも言える。そうであるなら、安易に、『文明』の範疇《はんちゅう》に入れるべきではない、と思ってしまう……。君が留学した日本では、文化、文明をどのように捉えてるの？」

ジェシー「日本の有名な作家で、『その地域・時代特有に育ったものを《文化》、それが日本中を含め、世界中にも伝わっていくようなものを《文明》』と呼ぶ方がいたそうよ……」

ボブ「……深い意味合いを含んで、響いてくるね」

ジェシー「現実的な話題なんだけれど、私も、パパもママも、外反拇趾に悩んでいるの。痛みに耐えかねて、外科手術を受けたママは、更に、その後に増した痛みと闘っているの……。医師は実直な方で、手術直後に、

『手術前にお話ししましたように、現段階では、成功かどうかを確認できません。成功だとしても、この後、また靴を使用されるでしょう』

この誠実な医師とママとの、その後の会話は、

『歩き方も大きく関与しているのでしょうね……。良い歩き方を、ご指導願えないでしょうか？』

『簡単ではないようです。靴と足の指の関係だけではなく、全身の各部分の

バランスも関与するようです、私の守備範囲から外れています』
私も怖い……。靴を履かないわけにはいかない。日常的に履いてて、外反拇趾が改善される靴ってできないのかな……」

ボブ　「関係者に、その改善靴のことを尋ねてみたよ。回答は、『絶対無理！　この歴史の中で、多くの人が挑んだ研究だけど、誰も成功しなかったもの！』だって」

ジェシー「あれ、ボブ。いつも長時間飛行機に乗るとふくらはぎが張って、足の指も締めつけられて外反拇趾が特に痛いのに、今回はそれが無いわ……。ねこじおじさんが、改善例がたくさんと言われてた。ひょっとすると！」

ボブ　「そうだね！　僕もだ。これは良い番組ができそうだよ。《シューズはヨーロッパ文明が作った！》だけでなく《未来のシューズは真実と人間の優しさを求める文明が作る！》を併記した番組にしたい」

1　基本の歩き方

◆ステップ1　立つ

うまく歩くためには、うまく立つことから始めましょう。

図7－1のように脚を肩幅ぐらいに開いて、股関節と膝と足関節が垂直に並ぶ垂直軸を軽く意識して平行に立ってみます。更に高度な段階を目指したり、この歩行を走ることや他のスポーツに高度に応用するためには股関節の付け根から大腿骨外方向に飛び出した形状の大転子付近から垂直下に膝関節、足関節外側が並ぶようにします。

ここでのポイントは**踵骨（踵）、第四指（薬指）と第五指（小指）を中心として立てるかどうか**――です。

様々なスポーツや武道でも非常に大切な立ち方なのですが、歴史的には見落とされたり誤認されていたポイントでもあります。最初から、拇趾球《ぼしきゅう》に乗って立ちなさい

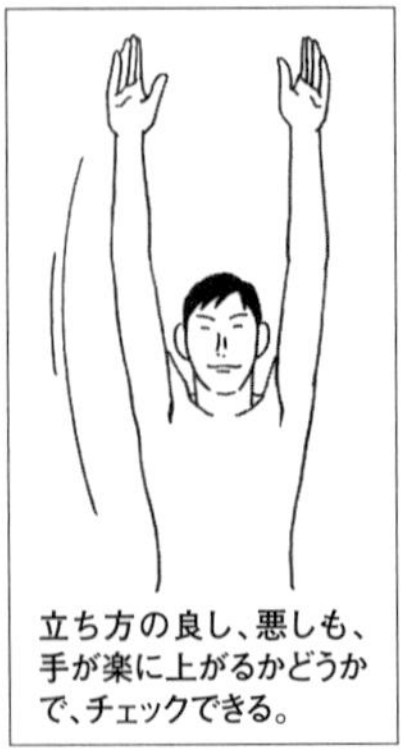
立ち方の良し、悪しも、
手が楽に上がるかどうか
で、チェックできる。

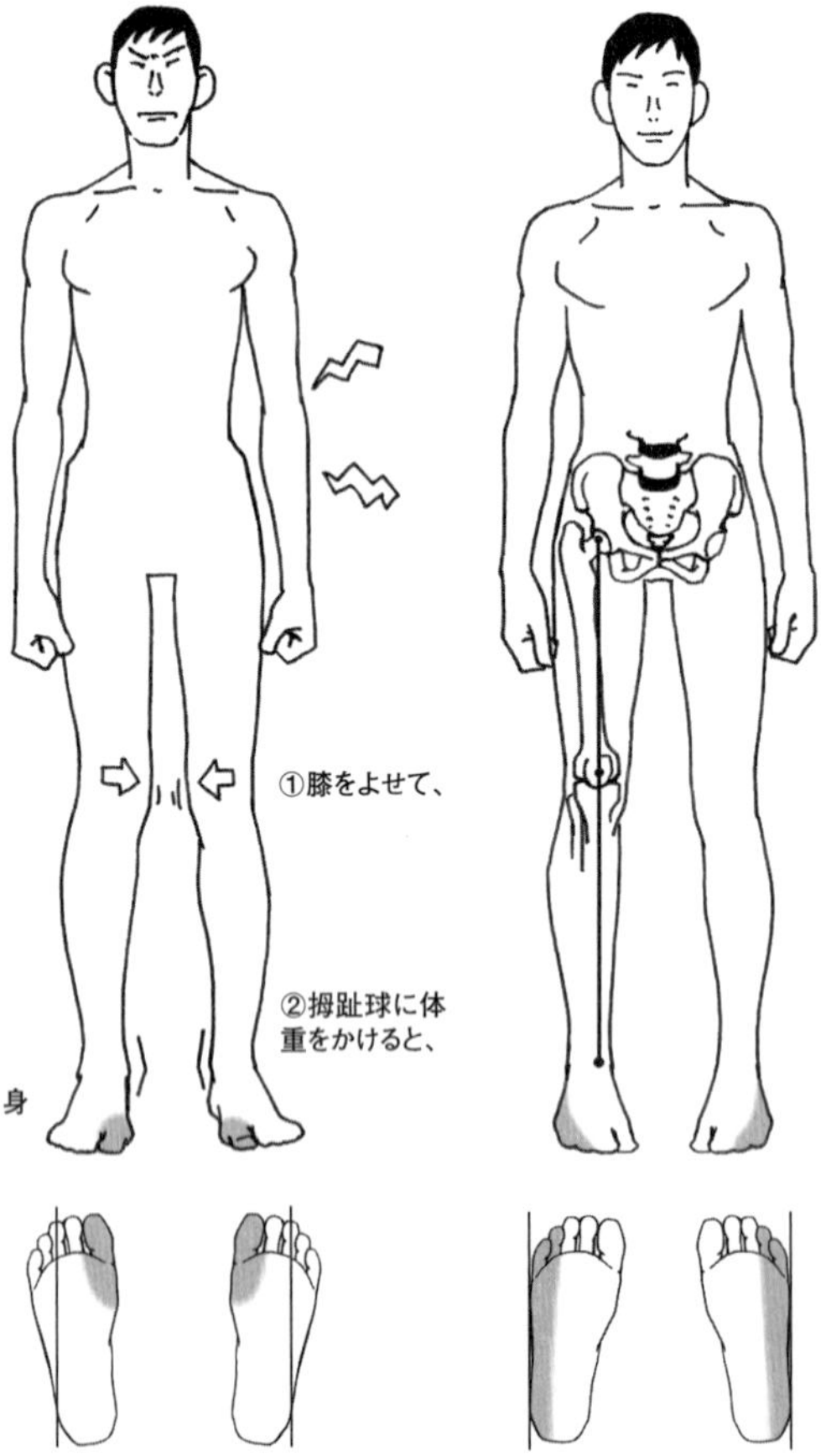
①膝をよせて、
②拇趾球に体
重をかけると、
③急に全身
が緊張。

の部分に重心をかける。(※他が完全に浮くわけではありません。)

図7-2　拇趾球で立つ　　**図7-1　正しい立ち方**

という指導も長く続いていますが、非常にナンセンスで危険です。足首が内側方向に折れるような圧力を得たり、膝が内側に締められると拇趾球に力が入ります。移動する方向も変わります。

また、足裏全体で立ちなさいという指導もありますね。

実際に、①拇趾球に最初から力を入れ、②足首を内側に折り、③膝を内側に締めて自然に胸を張って立ってみましょう――腰に急にストレスや痛みが走らないでしょうか？　①〜③を瞬時に行うと更にストレスや痛みは増します。（図7－2）

次に体側の腕を、耳の後方に移動してみましょう。意外にもけっこうきつくて、耳の部分にさえ持っていきにくいことも分かるでしょう。腰のストレスも更に増します。

これに対して、前述のように平行に立って両足の第五指と第四指か、第五指だけで立てると自然に胸を張れる、それから腕を上げる。また、これを同時に行ってみます。いかがでしたでしょうか？

立つという動作の良否でさえ、このように好悪の結果を導きます。この外側で立つ方法を**アウトエッジで立つ**と表現します。

これで、足首が内に折れたり、最初から拇趾球に荷重がかからないほうが良いことが分かりましたが、前述した、**好ましくない状態を強制するシューズ**はあっても、自然な立ち方、歩き方を誘導してくれるシューズの無い実態に「疲れた」と仰る方もいます。

立つことだけでこのように好悪の結果を導くと表現しましたが、歩くことはこの状態から足、脚だけでなく身体全体を動かし「移動させる」動作です。「歩く」ということを真剣に考えてみたくなりますね！

「平行に立つ」動作は、大きく分けて三種類あります。（図7－3参照）

①足の内側のライン（インエッジ）どうしが平行

②踵の中心のラインどうしが平行

③シューズのアウトエッジどうしが平行

どのように立てば、荷重を土踏まずの外側に感じるかを探ってみて下さい。歩くことの基本は、踵からアウトエッジに圧力が抜けていくこと、これができると足底の上に骨盤が乗るという非常に重要で大切な瞬間に足裏、土踏まず部分が荷重を支えてく

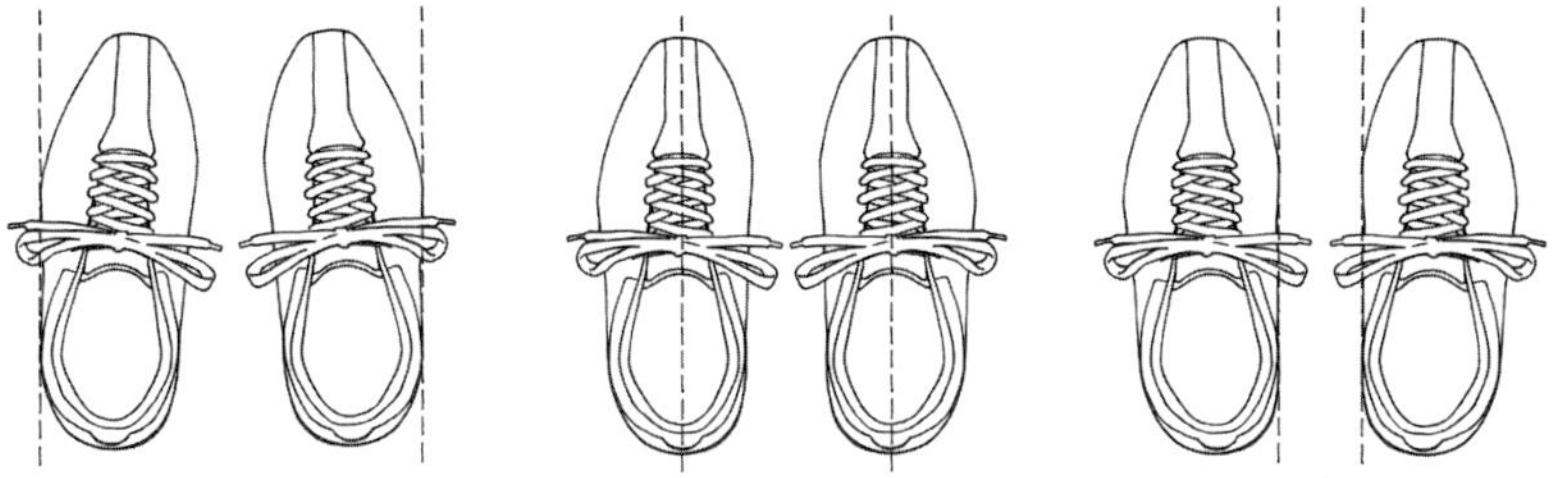

図7-3　平行に立つ

れます。

そして、ここで一番重要なことは、図③のように左右とも足のアウトエッジのラインが進行方向に対して平行にポジションすることです。「シューズ」が好ましいものであるかどうかの問題はありますが。

股関節や肩関節が硬化していて、これが難しいようであれば、つま先の先端から、踵のまん中を結んだ線どうしが平行になるという②の意識でも結構です。厳密には①も②も理想的な平行ではありませんが、「現状を知りながら、進歩の方法を知る」ことは、素敵なことと考えられます。

アウトエッジを基準にした平行な立ち方

や歩き方は、「内股」という動作と誤認されやすい傾向にあります。「内股」とは、膝が内側に折れ曲がるような形態のことを大雑把に呼称するようです。また女性は、骨盤が大きく、左右の股関節の幅、あるいは大転子の幅が男性より大きいので、むしろ男性よりもバランスのとれたダイナミックな歩行動作を求めたいものです。平行にした横幅を少し広めにとれると、逆に一歩あたりの直線的な移動距離が増えて、美しく、しなやかな歩行動作となります。

「背筋を伸ばして歩きましょう！」これもよくある表現ですが、特に上半身が硬くなっている方がこれを意識し過ぎると、往々にして反り返り過ぎた姿勢となり危険です。自然に背筋が伸びる歩き方が理想です。自然に背筋を伸ばして歩くためには、「耳で肩の位置を探す」と表現しますが、いつも耳の真下に肩のラインがあるようにすること。更に、この上半身の動作に対して、「骨盤を立てる」ように歩くことです。

◆ステップ2　利き脚の骨盤を前に！

重心（体重）を少しだけ前に動かしてみましょう。

きっかけの作り方には色々な方法があります。ここでは骨盤できっかけを作る方法をご紹介いたします（図7－4）。

①利き脚（図では右）の骨盤を前に出す

②骨盤を出したほうの脚が自然に前に出る

アウトエッジで平行に立った場合、利き脚の骨盤を前に出すようにすると、股関節は斜め前に送り出されます。このように一般的には、重心位置変化で生まれた力と反射で脚が前に出ます。

この時、軸脚（立ち脚、支え脚）が自然に強く地面や床を押します。これが、いわゆる「力と呼ばれてきたもの」の正体です。

この力を更に高めながら、しなやかで俊敏な動作にするためには、前に出ようとする脚の、Ⓐ股関節を内側に軽く柔らかく寄せる、Ⓑ軸脚の膝に向かって前に出ようと

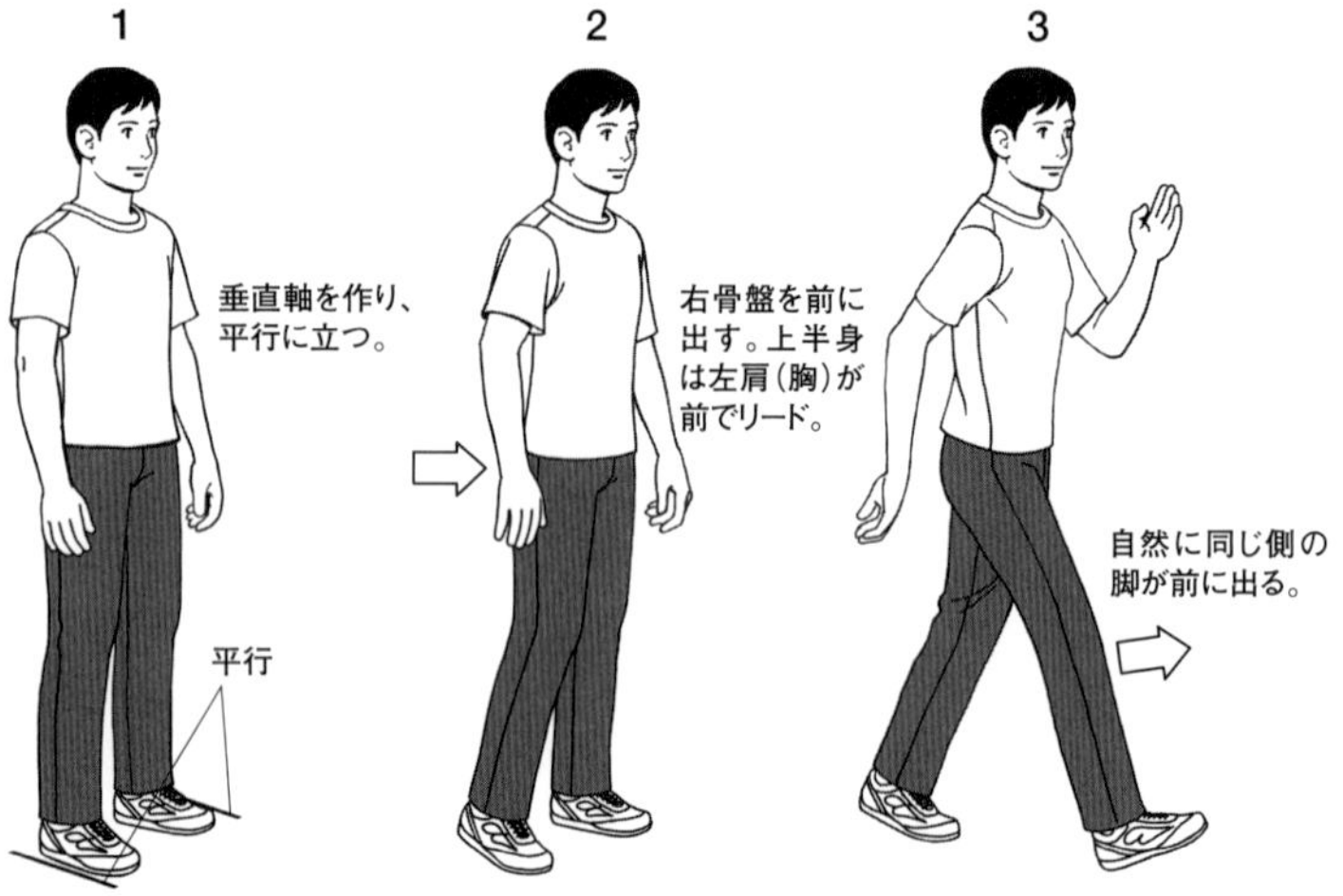
1
2
3
垂直軸を作り、
平行に立つ。
平行
右骨盤を前に
出す。上半身
は左肩（胸）が
前でリード。
自然に同じ側の
脚が前に出る。

図7-4　歩き出し

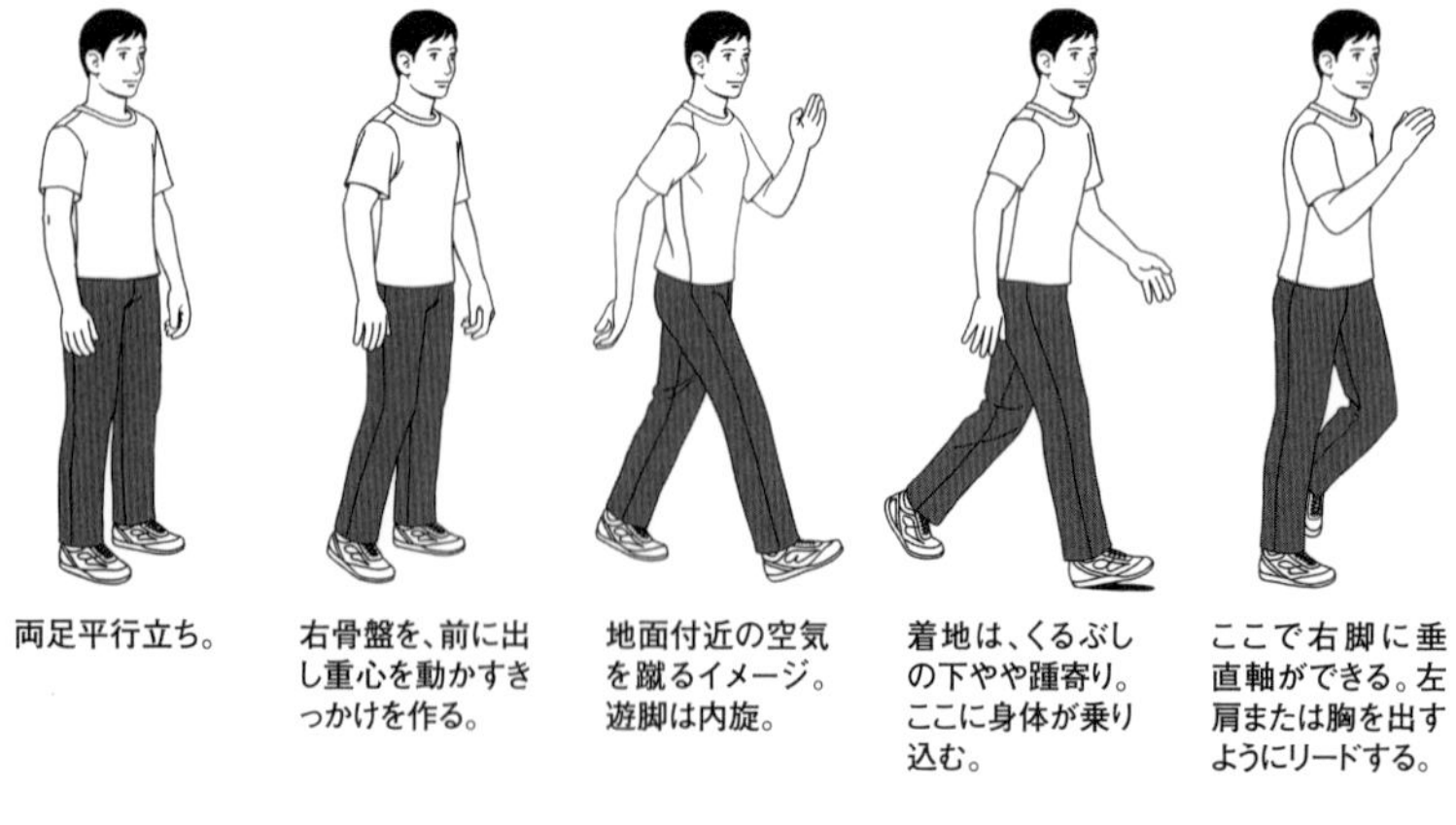
両足平行立ち。
右骨盤を、前に出し重心を動かすきっかけを作る。
地面付近の空気を蹴るイメージ。遊脚は内旋。
着地は、くるぶしの下やや踵寄り。ここに身体が乗り込む。
ここで右脚に垂直軸ができる。左肩または胸を出すようにリードする。

図7-5　正しい歩き方

する脚の膝を当てるかのような動作を加えます。

ⒶⒷの動作で五、六歩ずつ何回か歩いてみましょう。いかがでしょうか。うまく動作できると、地面を押している軸脚が、前方向に押している間に、遊脚が自然に前に出ていくことに気付きます。この立ち脚に対して、遊脚が内向きに動く動作を**内旋**《ないせん》と呼びます。

前に出る脚の理想的な動きである内旋を合理的に行うことができれば、軸脚が地面や床を押す力を増すという利点を更に高めます。また、この軸脚のポジショニングと遊脚の内旋動作間の神経筋制御は絶妙で、素早いものとなります。これを**促通**《そくつう》と呼びます。股関節周辺や肩関節周辺が柔軟で反射的な動作に優れてきて、垂直（前述の大転子－膝関節－足関節外側を結ぶ直線ライン）軸が作れるようになりますと、左右に振れる力が減少し、その分、反射的に斜め前方向へと力が転換されるため、頭部や上体が振れず、速い歩き、軽やかな動きとなっていきます。また、**これを求めることは、身体、神経、脳を含めたトレーニングとなります。**

軸脚の膝が内側に曲がっていると、この脚が力を十分に発揮する前に、力の方向性がズレて上体を支える力も地面を支える力もロスします。また重心移動によって前に出る脚の着地タイミングが早まるので、ブレーキをかける動作となります。そして、これは足関節、膝関節、足底部、足指、そして背骨などにも本来の方向性を歪《ゆが》める力が加わることを忘れたくないものです。

軸脚の足底に正しく圧がかかると、神経筋制御の働きで次々と脚は自然に前に出ていきます。この時に地面付近の空気を蹴るように膝から下が振り出ていくとバランスの良い動作になります。慣れましたら「軸足のリリース」に挑みましょう。後脚の外くるぶしを外側に、つま先は内側にハズすだけで勝手に自然な後脚の動作とスピードが高まります。

◆ステップ3　フラット着地二直線歩行

利き脚側骨盤を前にして、その前脚の膝下を蹴り出すとこれまでに体験のないストライドが現われます。

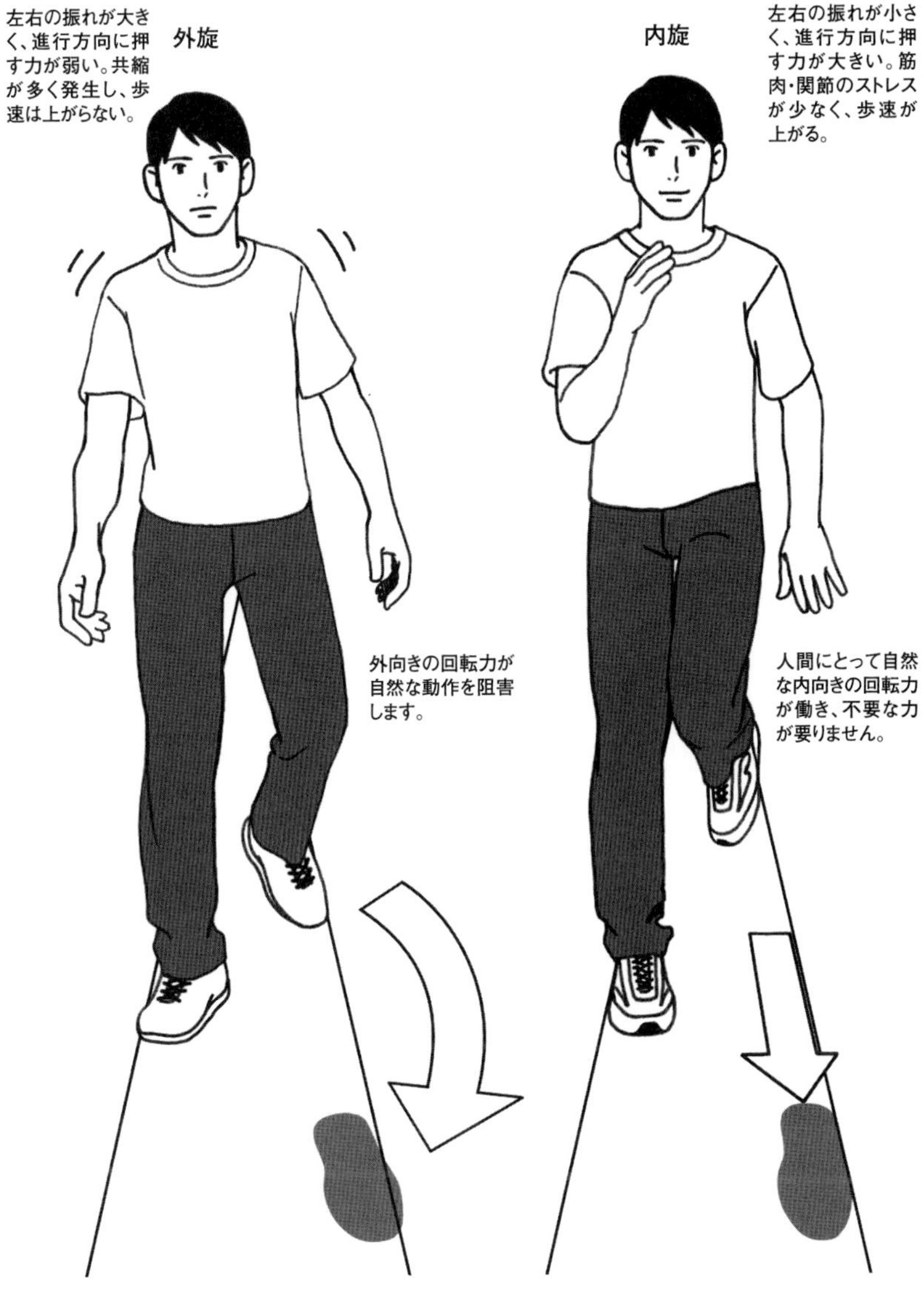
左右の振れが大きく、進行方向に押す力が弱い。共縮が多く発生し、歩速は上がらない。
外旋
内旋
左右の振れが小さく、進行方向に押す力が大きい。筋肉・関節のストレスが少なく、歩速が上がる。
外向きの回転力が自然な動作を阻害します。
人間にとって自然な内向きの回転力が働き、不要な力が要りません。

図7-6　外旋と内旋

これまで歩道などフラットな道路を歩く時の「利き脚側・骨盤前」とその利点を述べてきました。陸上競技場、野球などの左回りのコース走では「右骨盤前」が有利で、左骨盤前は不利です。右打者には一塁ベースが遠いだけでなく、「左骨盤前」の姿勢で打ち、そのまま走る「左骨盤前」では外側に飛ばされる力が働いてしまいます。右骨盤前の切り返しが必要です。利き脚と反対のトレーニングでも有益です。

身体が進みたいのは、軸脚を基準とした斜め前方向です。これを投影・投射とも呼びます。フラットで二直線上の平行着地ができると、強引な力も不要な反射的着地動作が、力を増大しながら連続されます。

逆に着地時の、つま先が開くと、足は外回り（外旋）を繰り返し、必要の無い関節、筋肉の活動が現れます。

歩行トレーニングを反復し続けても、実際の移動方向と自身の感覚が異なることがあります。つま先を開いて歩く人が内旋歩行（フラット着地に直線歩行）を求める場合です。

先ほど「つま先が開くと身体にストレスをかける」ことを述べましたが、股関節（大転子）、膝関節、足関節の三関節ラインが揃わず、地面を押せない、地面と喧嘩をしているような動作となることも付け加えておきたいと思います。

図7－6のように足跡は二本の直線になります。この二直線の幅を、最初は広めにとって動きを大きくして練習します。

地面にラインがあるなら、靴の外側がラインと揃うように行ってみましょう。**揺れる電車の中でのフラット二直線歩行は、身体のバランスが保て、その他の動作は身体のバランスを崩す――**。このように報告されます。もちろん、私たちも、検証・体験済みです。何故でしょうか？　もちろん、解答は本書の中にあります。

◆ステップ4　軸脚の動き

歩くことの主役は軸脚です。着地の時、軸脚と遊脚（スウィング脚）は入れ替わります。

遊脚が着地する時は、膝は自然に伸びようとしています。

荷重（C.O.P. 足圧中心）は、踵のまん中や外側から、小指、薬指を中心とした外側縁を通り、親指の付け根あたりに順番に連動してくれるのが良いとされています。このような順で足圧中心が移動する時、荷重を「球」から土踏まず部分が受け止めながら、分散します。それにより、足の裏にある圧を感じる感覚器などがきちんと働き、遊脚が反射的に内旋を始めます。

足が地面から離れる時は、決して蹴らないように！ その場所から、内旋の動作を利用して「離れる」だけです。外くるぶしを外側にハズします。自然に勝手に強く地面を押してることが分かります。これが最適な、いわゆる**キック**（**プッシュ・オフ**）**動作**なのです。着地した場所から離れようとするだけで、最適で大きな「キック動作」を自然に行っていることになります。

親指でごく軽く押す、もしくは親指を最後まで残すぐらいの意識で十分です。

この軸脚のしなやかな内旋と呼ばれる内向きの動きと、タイミングを得た遊脚の内旋が空中のあるポイントでシンクロナイズされて着地動作を繰り返すと、機能的で美しく健康面でも優れた歩行動作となります。

◆ステップ5　腕の動き

　腕は後方ではなく前方向に振り出したいのです。腕が後ろに振れる時も、軽く小指が上を向きます。**軽く身体の前にある何かを、親指と人差し指で捉えるような動作**で、小指は少し上を向かせたいのです。「身体の前にある何か」とは重心、これから先に移動していく重心と考えてもよいでしょう。実際、乗り込み動作が上達し、前傾動作が先行すると、合成重心と呼ばれる位置に重心は移動しますので、それを捉えるイメージや動作とも表現できます。実現すると、実にバランスのよい動きです。「親指と人差し指で、移動した重心位置を捉えるような動作」……第四章で述べました、「親指と人差し指」の間の距離の拡大と使い方が人間の「脳の力」「能力」を発展、発達させた――と重なる興味深いポイント、つまり、バランス良く歩き、走ることができるようになった根拠の一つを示すものかもしれません。

手の振る方向

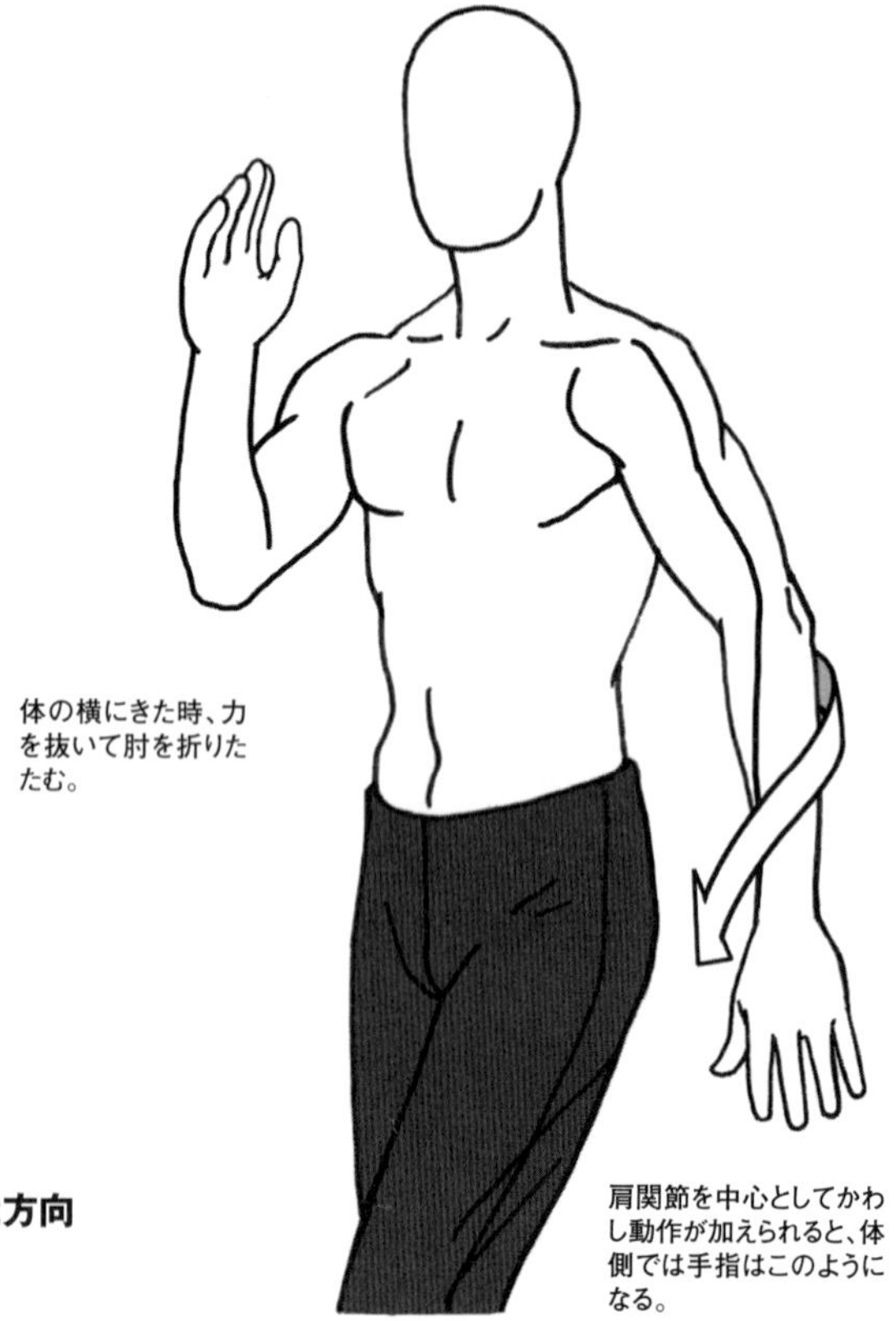
体の横にきた時、力を抜いて肘を折りたたむ。
肩関節を中心としてかわし動作が加えられると、体側では手指はこのようになる。

図7-7　手の振りと方向

このように腕を動かすと、手が後ろに移動する時、肩関節と肩甲骨は、前に出てきます（このような動きをかわし動作、ドッジムーブメントといいます。第六章参照）。

このかわし動作の効果で、手と脚が逆向きの動きになった、ごく自然な動きでありながら、同じ側の骨盤と肩甲骨を同じリズムで、同じ方向に動かすこともできます。

これによって仙腸関節や股関節を上手に使う歩き方になるばかりでなく、肩甲骨、鎖骨を中心とした肩部とも連動して各関節の連鎖的な活動を引き起こし、あたかも、四足《しそく》歩行をする動物たちの動きにも似た、神経筋制御の点から見ても理想的な繋がりのある歩行動作を実現することになります。

このかわし動作の重要性が更に知られることを祈念しています。

◆ステップ6　肩の動き

ステップ2とステップ5で腕の動き、骨盤の動きを考えました。そして、ここでは肩の動きを考えます。健常者の方も、障害をお持ちの方も、その方々に動き出しを作りやすいポイントが肩にはあるからです。

健常者の方は、これまでに行いました「かわし動作」を使いながら、どちらかの肩を急に前に出す。これが、行いたい動作とこの文章を結ぶキーワードです。自然に自動的に、どちらかの脚が急速に前に出ることが分かります。「脚の意識を持たない」のに肩で脚が動くという動作が生まれることには驚きを持つ方は少なくありません。

確かに、脚の動きに意識を持たずに、脳に近い肩の感覚だけで足が運べるというのは、脳の機能を賦活化させると共に、「快適」です。脚の動きを習得しようとしながら、その誘導方法として、肩の動きを求める――これは素敵で楽しい動作作りです。

実はこの動きは、プロやオリンピック選手たちと長く行ってきた動作の一つなのです。例えば陸上競技以外にも見られる、野球、サッカーなどのコーナリング、クイックターンにも用います。ところで皆様、子供のころからコーナー走やベース走、クイックターンを左回りに行う時には、「右肩、右腕を前に出しなさい」と教わってこなかったでしょうか。本当にそのように行って動けなくて苦しんでいる姿がありますす。これでは遠心力に従い、その力に、求心力やコントロール能力の方が負けます。

▼写7-1　クイックターン

肩も首も苦しくてたまりません。

本来、スキーなどでもコーナリングやターンを合理的に行うと、遠心力に負けないどころか、この動作が大きな力を発生させます。歩行・走行も同じです。「コーナー走は苦しい」「コーナーを歩くことは苦しくて、足がもつれる」などの体験をお持ちの方は、ぜひお試し下さい。

軸脚の動きが正確に行われてというのが前提条件ですが、**右脚を前に出すと同時に左肩（左胸）を出すか、左肩（左胸）を前に出しながら右脚を前に出すのです。**これがうまくできますと、自然で速いコーナリング、クイックターンが行え、肩・首のストレスも減少します。（写7－1）

この時は、写真7－1のように左脚が内旋するギリギリまで軸脚の位置を変えないことです。

どうでしょう。瞬間動作ですのに、この移動の距離の大きさと、方向の自在さ、バランスは！

また、これらをもとに考えますと、車椅子をお使いの方にもちょっとした快適アド

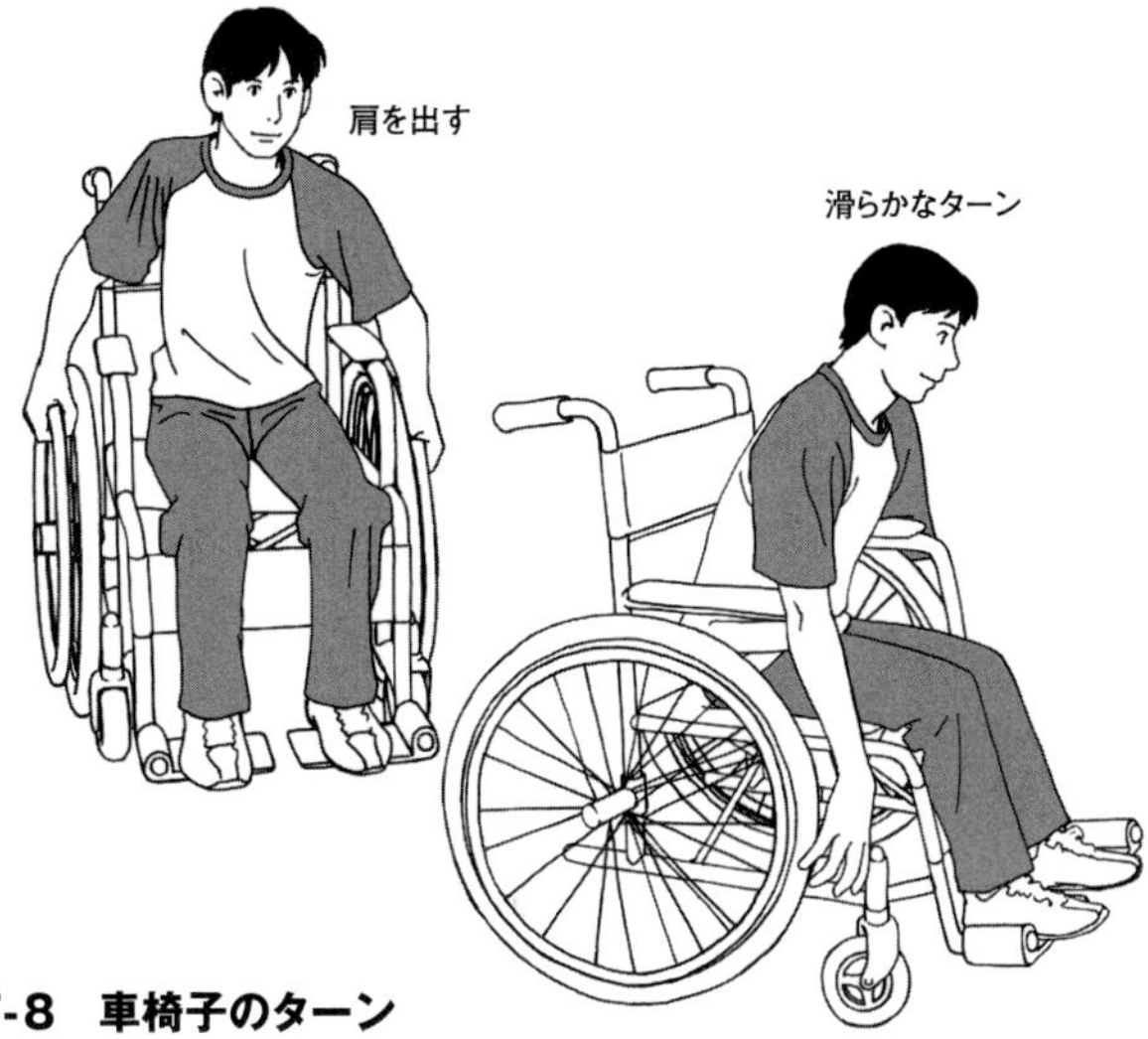

図7-8　車椅子のターン

バイスができます。

お受けになった障害にもよりますが、一般的に左回りの時、右手で大きく強くホイールを押し、左腕の力を弱めているシーンを見かけますが、この場合、左側に重心を傾けて左肩を前に出しながら右のホイールを押しますと、滑らかに容易にターンができます。（図7－8参照）

右腕も左腕もそんなに張りません。何よりも首や目がリラックスして、安全な操作ができることが幸福で素敵です。

危険でない広い場所で、前述した重心の左右の入れ替えに、肩や胸を使い、頭部の位置も先行する肩や胸側にバランスを取りながら傾斜させます。このようにできると、左右の腕のしなやかで、強過ぎない力感を得て頂くと共に「車と一体化」したような動きが目指せます。

2　基本の歩き方のチェックポイント

ステップ1～ステップ6で、基本の歩き方をご説明しました。日常生活で、意識しなくてもできる段階にまで到達すると計りしれない、様々な効果と出会うのでしょう。様々な感想や報告を頂きます。

・歩くスピードが上がる。通勤や散歩など、ある程度決まった歩行距離をお持ちの方は、とくにその変化に気付くと仰《おっしゃ》います。この変化は新たな「視野」や「考える時間」をもたらしたり、途中で止まってもよいよ、という余裕が生まれるとも。

・歩くスピードが上がっているのに息が上がらない。これは、歩くことにブレーキをかけず、不必要な関節や筋肉を使わなくなることに因みます。心拍数も不必要に上がらず、より楽に歩いている感覚があるそうです。

・ふくらはぎの張りや痛みが出にくい。痛みが出るのは、ご自身の身体の現状が、動きに対し何らかの無理をしているからと考えられます。特にふくらはぎの筋肉は、フラット着地二直線歩行を求めようとすれば、不合理に力を出す必要がありませんので、張りや痛みが出づらくなる可能性は高まりますね。その可能性が新たなステージへの歩みを進めさせるのでしょう。

3　日常生活をトレーニングにする歩き方

◆ステップ7　階段を登る時・下る時

少しだけ身体を鍛えようと思えば、歩行の際二直線の幅は、慣れるにしたがって拡げていくようにします。大切なことは、「力の方向と角度」「軸脚を中心とした斜め前の投影、投射」です。坂道や階段を登る時は、同様に少しその幅を広めにします。こ

重心をより
前におく。
※脚の動きにあわせ、遊脚側
の目をおもに使うようにすると、
脳のトレーニングにもなる。
坂道、山登りにも
有効です。
利き脚の着地は内側に斜め
に。反対側はまっすぐ。

図7-9　階段の登り方と下り方

の時、利き脚の着地を図のように内側に斜めにします。反対側はまっすぐのまま。このようにするとバランスがとれ、ストレスが少なくなります。慣れると後脚の外くるぶしを外側にハズすと前脚とのバランスが高まります。

◆ステップ8　物を持った時

手提げバッグなどを持って歩くのは、非常に多いケースですね。特にサラリーマンや私のような研究者、スポーツ選手などは、ほぼ毎日、重いカバンや道具を持って通勤・通学します。

これが原因で悪い歩き方の癖がついているというのは、実際にはありうることでしょう。

図7-10のようにカバンは持ちます。移動する重心位置、身体位置の変化とカバンの重心位置がマッチして、肩や腰が張らず、逆に持っているカバン等が力を補助してくれる感覚さえあります。

図7-10　様々なカバンの持ち方

あとがき　「生命」――この尊きもの

愛犬「犬のコロにゃん」は、私の身近な四足歩行動物家族の一人（?・）。本人は自分のことを、人間と思っているとしか思えません。素敵なことを教わり続け、私は、二足歩行の人間の活動の大変さを彼に伝えています。私のペンネーム・小犬山コロにゃんは、彼を含めた生命の愛おしさに因みます。

尊きもの、この生命よ――本書を執筆する中で、何度も浮かんだフレーズです。

動作改善、故障改善、麻痺改善の各研究に従事することと、その中で出会う方々の優しさ、真摯さとの触れ合いが交錯するためかもしれません。

今回、講談社のご配慮を頂き、「歩くこと」「シューズ」についての著作に取り組ませて頂きました。深く御礼申し上げます。

本文で、歩くことは全ての動作の集約と表現しました。

「歩くこと、その良否を左右するシューズが、身体バランスを決め、脳や神経に影響を与えていることは否定できない」という考え方は、多くの医師や科学者との確認事項です。歩くことが後天的因子となった脳、神経、内分泌系への作用は、これから更に検証される必要性を感じます。

そして、「大切」と言われ続ける、歩き方とシューズの、この関係の「解答」が見つかっていないことも本書執筆の動機でした。

地球上で受けている重力や外圧の中で、合理的に歩くことを目指すことは、「奇跡」と呼べるのかもしれません。

そして、筋肉痛のメカニズム、活動する際の関節機能と神経、これら、十分には分かっていない身体活動と神経系の上に、身体バランスのロス、障害、疾病が加わります。「歩くのでストレスを受ける」、「歩くことができないので車椅子使用でストレスを受けざるを得ない」、この両方の解消方法に、少しでも触れることができましたことは、私の喜びとするところです。

本書に表現した歩き方、シューズの基になる初動負荷トレーニングの効果・検証についても少し触れました。トレーニング、歩き方、シューズでスポーツ能力が上がる、ストレスが解消されて、身体が楽になる。これらの爽やかな感覚は、苦悩が軽減されるだけでなく、医療費の削減に繋がり、それは、重篤な疾病でありながら、保険給付の問題から救済されない方々にも、今は小さなものでも、今後は大きな「光」となることを祈念しています。

振り返りますと、本書の紙面上、書ききれなかったことの多さも気持ちの中に残っています。研究を更に重ねると共に、いつか、また執筆の機会があればと考えています。

神経筋制御、運動制御、バイオメカニクスのご指導を頂く、早稲田大学大学院・鈴木秀次医学博士、アメリカ・コロラド大学大学院・ロジャー・M・エノカ医学博士、そして（財）初動負荷トレーニング研究財団の武田直人医師（内科）、小田智之医師（整形外科）、そして安積明子医師（小児科）、多くの研究者と、仲間たちに感謝の意を表しまして、擱筆とさせて頂きます。

小山裕史・拝

参考文献　著者名順・上段1～10は正本、下段は論文

※印は、引用文献

1. A.R.Crossman, D.Neary：Neuroanatomy：An Illustrated Colour Text, 医学書院, 2004
2. Roger M. Enoka：Neuromechanics of Human Movement, Human Kinetics, 2002
3. Toru Fukubayashi［福林 徹］：Athletic Rehabilitation Guide［アスレティックリハビリテーションガイド］－内・小山裕史執筆の二編, 文光堂, 2008
4. Bruce Alberts, etc.：Molecular Biology of THE CELL, Garland Science, 2002
5. P.V.Komi ： Strength and Power in Sport ： Blackwell Scientific Publications, 1992
6. Ellen Kreighbaum, Katharine M. Barthels：Biomechanics：A Qualitative Approach for Studying Human Movement：Allyn & Bacon A Pearson Education company, 1996
7. Richard L. Lieber ： Skeletal Muscle Structure, Function, & Plasticity, Second Edition ： Lippincott Williams & Wilkins A wolters Kluwer company, 2002
8. Motoharu Hayashi［林 基治］：「霊長類の脳の発達－脳内分子の観点から」『人類学と霊長類学の新展開』(石田英實ほか編), 金星舎, 2001
9. J.W. Rohen, 横地千仭, E. Lutjen-Drecoll：解剖学カラーアトラス, 医学書院, 2004
10. Suguru Torii［鳥居 俊］：Kinematic of Human Motion［身体動作の運動学］, NAP, 1999
11. C.M. Alexander, P.J. Harrison ： The bilateral reflex control of the trapezius muscle in humans, Experimental Brain Research 142：418-424, 2002
12. M. Alegre, A. Labarga, I.G. Gurtubay, J. Iriarte, A. Malanda, J. Artieda ： Beta electroencephalograph changes during passive movements：sensory afferences contribute to beta event-related desynchronization in human, Neuroscience Letters 331, 29-32, 2002
13. Minoru Hoshiyama［寳珠山稔］, Ryusuke Kakigi［柿木隆介］ ： Vibratory stimulation of proximal does not affect cortical components of somatosensory evoked potential following distal nerve stimulation, Clinical Neurophysiology 111, 1607-1610, 2000

※14. Yasushi Koyama［小山裕史］：Scapular Kinematics and EMG Activity of the Dodge Movement at the Beginning Movement Load Exercise〔早稲田大学大学院・修士論文〕, 2005

15. David P.M. Northmore ： A network of spiking neurons develops sensorimotor mechanisms while guiding behavior, Neurocomputing 58-60, 1057-1063, 2004
16. K.S. Türker, R.S.A. Brinkworth, P. Abolfathi, I.R. Linke, H. Nazeran：A Device for investigating neuromuscular control in the human masticatory system, Journal of Neuroscience Methods 136, 141-149, 2004

小山　裕史（こやま やすし）

1956年11月14日生まれ
早稲田大学大学院人間科学研究科　博士課程修了　博士（人間科学）
専攻テーマは、神経筋制御、運動制御、生体力学。
高崎健康福祉大学　保健医療学部理学療法学科　教授
株式会社ワールドウィングエンタープライズ〔通称：ワールドウィング〕代表
B.M.L.T.生命医科学研究所　所長
1994年、初動負荷理論を発表。動作（フォーム）改善、故障改善、強化を中心に、多くのオリンピック選手、プロ・アマスポーツ選手の指導にあたると共に、麻痺改善研究に取り組む。

【その他の経歴】
鳥取大学客員教授〔医学部〕、（財）日本スケート連盟・（財）日本陸上競技連盟・（財）日本水泳連盟・（財）日本柔道連盟のフィットネス・コーチ、科学サポート班等を歴任。

【初動負荷理論に関する主な発表】
ＡＣＳＭ（アメリカ・スポーツ医学会）
ＩＳＢ（国際バイオメカニクス学会）
ＩＳＥＫ（国際電気生理学＆キネシオロジー学会）

【主な著書】
『夢の途中で』（講談社／1987年）、『新訂版・新トレーニング革命』（講談社／1994年）、『初動負荷理論による野球トレーニング革命』（ベースボール・マガジン社／1999年）、『「奇跡」のトレーニング』（講談社／2004年）、『希望のトレーニング』（講談社／2014年）などがある。

(株)ワールドウィングエンタープライズ
〔通称:ワールドウィング〕

1981年設立。初動負荷理論を基に、各種競技の動作改善、故障改善、コンディショニング、麻痺改善研究の研修などの実践施設。

隣接ホテルとの提携による滞在型上記トレーニングシステムがよく知られています。
B.M.L.T.カムマシン事業部があり、研究・開発とともにマシンの製造・リース、医療機器の製造・リースを行っています。

〒680-0843 鳥取県鳥取市南吉方1-73-3
TEL 0857-27-4773

☆「初動負荷トレーニング」「B.M.L.」「初動負荷理論」は、ワールドウィングの登録商標です。無断で使用することは、法律上禁止されています。
☆「初動負荷マシーン(負荷変動式マシーン)」は、ワールドウィングの研究・開発商品名です。ニセモノにご注意ください。

―(株)ワールドウィングエンタープライズ・法務部

初動負荷マシーン・トレーニングのできる施設
〔(株)ワールドウィングエンタープライズ指導提携施設〕
〔医療機関(病院・医院賛助会員)提携施設〕

詳しくは、(株)ワールドウィングエンタープライズのホームページをご覧ください。
http://www.bmlt-worldwing.com/

BeMoLoシューズについて

BeMoLoシューズは、小山裕史が発明し、株式会社ワールドウィングエンタープライズの研究・開発によって生まれたシューズです。

医療機関への導入展開や、メジャーリーグ・国内外プロ野球選手へのBeMoLoシューズ・スパイク提供を行っています。

ご購入先は、以下の通りです。
◇株式会社ワールドウィングエンタープライズ〔ワールドウィング〕
◇ワールドウィング指導提携施設及びワールドウィング特約店
◇ビモロショップ(http://www.bemoloshop.com/)

〈撮影協力〉
大沢 彩（日本サムスン株式会社）

〈STAFF〉
本文イラスト＝大矢正和
装幀・デザイン＝城所 潤（ジュン・キドコロ・デザイン）
*
編集協力＝犬養裕美子・望月志保
写真＝斎藤 浩・田中麻以（小社写真部）

小《こ》山《やま》裕《やす》史《し》のウォーキング革命《かくめい》
初動《しょどう》負《ふ》荷《か》理《り》論《ろん》で考《かんが》える歩《ある》き方《かた》と靴《くつ》

2008年 2 月20日　第1刷発行
2020年 2 月 5 日　第4刷発行

著者　小山裕史《こやまやすし》
発行者　渡瀬昌彦
発行所　株式会社　講談社
〒112-8001
東京都文京区音羽2-12-21
電話　編集 03(5395)3534
販売 03(5395)3525
業務 03(5395)3615

印刷所　株式会社　東京印書館
製本所　株式会社　若林製本工場
本文データ制作　講談社デジタル製作

N.D.C.780 274p 21cm

ISBN 978-4-06-214375-2

好評既刊

『希望のトレーニング』

彼らは初動負荷トレーニングで何を見つけたのか

監修・小山裕史　編・講談社

何歳からでも「しなやか」になれる。それが、スポーツに、リハビリに、全ての人に希望を生む。

イチロー、山本昌、岩瀬仁紀、青木功ら超一流のアスリートから、医師やリハビリ患者、高齢者、そして初動負荷理論の提唱者、小山裕史が、自分の人生を交えながら、初動負荷トレーニングとそこで見つけた「希望」について語り下ろすインタビュー集。

初動負荷理論とは何かをもっとも良く理解できる本。

定価：本体950円（税別）
ISBN:978-4-06-218908-8
新書／223ページ